EL PODER
de la
REFLEXIÓN

La guía definitiva para trascender las
creencias que impiden tu crecimiento
personal y espiritual

Daniel
López de Medrano

Título: **El Poder de la Reflexión,**

Subtítulo: **La guía definitiva para trascender las creencias que impiden tu crecimiento personal y espiritual.**

ISBN: 978-0-9837233-7-0 - Edición Impresa.

Copyright © 2016 **Daniel López de Medrano.**

Todos los derechos reservados.

Texto: Daniel López de Medrano.

www.lopezdemedrano.com

Diseño de Portada: Juan Carlos Santana.

www.jcsantana.com

Corrector: Joaquín Núñez Quincot

Dedico este libro a la humanidad del futuro que vivirá en un mundo de paz, amor y armonía.

Mensaje del autor

Hola. Soy Daniel.

Desde muy pequeño, siempre he sido un eterno buscador de la esencia de las cosas. De niño, desarmaba todos mis juguetes, con el único fin de saber cómo funcionaban.

Después de años de investigación, ese niño curioso, que siempre he llevado dentro, me ha llevado a descubrir lo simple que puede ser nuestra existencia en este plano. El objetivo de mis publicaciones es presentarte el fruto de ese camino interno: una nueva visión de la vida.

El contenido de este libro, en particular, está dirigido a acompañarte en tu proceso de crecimiento personal y, al mismo tiempo, ayudarte a activar la expansión de tu conciencia.

Gracias por formar parte de mi realidad.

PARA CONTACTAR A DANIEL

REDES SOCIALES

BLOG
www.lopezdemedrano.com

PODCAST (Programa de radio online)
podcast.lopezdemedrano.com

CANAL DE YOUTUBE
youtube.lopezdemedrano.com

FACEBOOK
facebook.lopezdemedrano.com

CURSOS Y TALLERES ONLINE

CURSO DE MEDITACION (**GRATIS**)
meditacion.lopezdemedrano.com

CURSO DE CRECIMIENTO PERSONAL
www.programatumente.com

OTROS LIBROS (incluyendo libros infantiles)

libros.lopezdemedrano.com

CONTENTS

Introducción
Fue sin querer queriendo

El 2013 publiqué un libro: *121 Reflexiones para despertar la conciencia y evolucionar espiritualmente.* En ese texto concentré el resultado de un proceso reflexivo al que dediqué meses. Mi aspiración era estimular en los lectores una capacidad de reflexión que todos los seres humanos poseemos.

Desde el primer momento, cuando empecé a redactar las *121 Reflexiones*, ya había decidido que ese sería el último libro que publicaría para adultos. De allí en adelante, me dedicaría a escribir única y exclusivamente para niños.

Tres años han pasado desde entonces. Y, en efecto, luego he escrito libros únicamente para niños. Ya he producido tres cuentos infantiles, de los cuales he publicado uno: *La oruga que quería llegar al Sol.*

No obstante, cumplido este recorrido, he reflexionado y hoy creo que me equivoqué en ambas decisiones. Por una parte, mi esencia me ha mostrado que de nada sirve expandir la conciencia si no compartimos nuestros aprendizajes con otros seres humanos. Debemos ver la evolución de la conciencia humana como una carrera de relevos, en la que todo suma y cada cual hace su parte.

El Universo invierte mucha energía en nosotros. Nos ayuda a expandir nuestra visión limitada de este mundo dual. Nuestro deber es actuar en correspondencia y regresarle al Universo lo que nos da. Debemos ser la luz en el camino de los otros. En pocas palabras, hoy yo le doy luz a tu camino; mañana, otra persona me dará luz a mí.

Por otro lado, es cierto que miles de personas ya han leído *121 reflexiones*. Aun así, estimo que, salvo algunas valiosas excepciones, el libro no cumplió la misión para la que fue creado. Muchos me han escrito o se me han acercado al final de algunas conferencias que he dictado. Me han dicho que el libro es una belleza, y que las reflexiones que contiene demuestran el nivel de conciencia en el que me encuentro. Algunos lo leen todas las mañanas, antes de comenzar el día. Otros lo tienen como libro de cabecera. Estos y otros comentarios han sido útiles para un solo propósito: que mi ego se sienta importante.

Entiendo que todos esos comentarios estaban cargados de buenas intenciones. Pero no me llenaban. Yo, por mi parte, me limitaba a responder cortésmente, dando las gracias. Sin embargo, después de mucho reflexionar, pude darme cuenta de que el resultado que estaba obteniendo era precisamente el que había generado.

Al publicar ese libro, estaba diciendo entre líneas: "Les presento orgulloso el resultado de mi proceso de reflexión". Pero les aseguro que ese no era mi propósito original. Como decía un personaje famoso del entrañable Chespirito, "fue sin querer queriendo".

Sin embargo nunca es tarde para recapacitar. Siempre lo digo en mis conferencias y talleres, y hoy me toca ponerlo en práctica, una vez más. Por esa razón, he decidido retomar la esencia inicial de ese libro y convertirlo en lo que debió ser: una publicación destinada a desarrollar, en cada lector, una de las herramientas más poderosas de las que disponemos los seres humanos para expandir nuestras conciencias: La Reflexión.

Hoy lo veo más claro. El paso inmediato que tenemos que dar, después de despertar la conciencia, es expandirla. Y la reflexión es nuestra herramienta para lograr esa expansión. Tras ampliar nuestra visión de la realidad, el siguiente paso es conectarnos con nuestra esencia. De eso se trata el proceso de evolución de la conciencia: despertar, expandir, conectar.

¿Y después qué? Es posible que esta pregunta ya ronde tu mente, esa que siempre quiere conocer los finales, aun antes de dar el primer paso. Y responderé: Al conectarte con tu esencia, te estás enchufando a la base de datos de la Sabiduría Universal. En pocas palabras, la expansión de conciencia continúa, pero ahora hablamos de niveles que nuestra mente limitada no puede comprender.

Definitivamente, la reflexión es una herramienta indispensable para la expansión de nuestra conciencia. Si no practicamos la reflexión de forma consciente, el Universo se encargará de hacernos reflexionar. Casi siempre, a través de acontecimientos dolorosos.

Ten presente que no basta despertar la conciencia. Debes

expandirla. Si te quedas solo en el despertar, puedes terminar peor que antes, viendo muchas cosas nuevas, que no logras entender ni integrar a tu vida.

En este libro aprenderás a realizar un ejercicio que yo llamo *'Reflexión Expansiva'*. Si estás lista o listo para el siguiente paso, después de haber despertado tu conciencia, te invito a descubrir el *'Poder de la Reflexión'*.

"La mente que se abre a una nueva idea jamás regresa a su tamaño original".

Albert Einstein

Capítulo 1
Despertar, luego expandir

Imagina por un momento que vives en una burbuja. Las paredes de esta burbuja no son transparentes. No te permiten ver lo que hay fuera. Es más, no estás consciente de que estas paredes existen. En resumen, tu realidad se limita a lo que ves, oyes y sientes dentro de la burbuja.

Cuando te percatas de que esas paredes existen y haces explotar tu burbuja, comienzas a percibir un mundo nuevo. Es lo que se conoce como despertar de la conciencia. Pero no debes olvidar que a lo largo de tu vida te has formado en un sistema de creencias limitado por la burbuja donde estabas metido. Por esa razón, cuando vas indagando en esa nueva realidad que se presenta ante tus ojos, debes recurrir a la reflexión. Solo con ella puedes adaptarte, sin que tus creencias limitadas a la burbuja te sigan condicionando.

La idea no es salir de la burbuja solo para ver qué hay del otro lado, conservando la misma perspectiva que teníamos dentro. Recuerda que ninguna creencia condicionada por una percepción limitada de la realidad puede considerarse una verdad universal. Debemos reflexionar sobre cada aspecto de esa nueva realidad, para crear nuevas redes neuronales que nos permitan superar las antiguas creencias, condicionadas y casi siempre manipuladas.

Por simple lógica, no puede haber expansión mientras estemos limitados por las paredes de una burbuja. Primero debemos despertar la conciencia y luego expandirla. Este libro está creado para todas esas personas que ya explotaron su burbuja y desean comprender la realidad que siempre estuvo presente, fuera de los límites autoimpuestos.

Dentro de la burbuja, creemos que somos seres limitados. Cuando despertamos, nos damos cuenta de que los límites solo han existido en nuestra mente.

La expansión de la conciencia es inevitable. Somos el reflejo de un Universo en constante expansión. Cuando logramos salir de la burbuja, descubrimos el ser poderoso e infinito que siempre hemos sido, y que seguiremos siendo por toda la eternidad.

Capítulo 2
Cambiar de perspectiva

Un grupo de discípulos le preguntó a su maestro Zen:

—¿Maestro, por qué siempre nos dice que el ser humano tiende a fijarse en lo aparente y no en lo trascendental?

En silencio, el maestro se retiró. Tras un breve momento, regresó con un gran pergamino enrollado. Le quitó el sello que lo mantenía fijado y lo abrió poco a poco, hasta que se pudo ver un gran lienzo blanco, con un pequeño punto negro en medio.

—¿Qué ven en este lienzo? -preguntó el maestro.

Los discípulos respondieron:

—Un pequeño punto negro en el centro del lienzo, maestro.

El maestro dijo:

—Todos se fijan en el pequeño punto negro... ¡Y ninguno en el gran espacio blanco que rodea al punto!

La mayoría de las personas tiende a mantener una visión limitada del mundo que los rodea. No hacen el menor esfuerzo para ampliar su perspectiva de la realidad. Se conforman con lo que captan sus cinco sentidos. No profundizan sobre las situaciones o hechos que presenta la vida. En otras palabras, no reflexionan.

De eso se trata este libro. Mi intención es enseñarte el poder de la reflexión para la expansión de tu conciencia, para que comiences a ver el gran espacio en blanco del lienzo y no te limites al pequeño punto negro.

Es preocupante observar cómo nuestras sociedades desaprovechan el natural poder de reflexión del ser humano. La gran mayoría de personas se limita a pensar de manera impulsiva. Opinan y reaccionan a diferentes situaciones de forma casi automática. Al igual que los discípulos del cuento, les basta reaccionar según el primer pensamiento que les llega. Y ese primer pensamiento, casi siempre, está condicionado por su limitada percepción de la realidad. Y digo "casi siempre", porque también se puede dar el caso de que una persona genere ese primer pensamiento sobre la base de una reflexión previa, cuya conclusión ha incorporado a su vida, de manera consciente. Pero, para lograr eso, antes ha tenido que aprender a reflexionar.

La reflexión es una de las actividades más profundas que puede realizar, de forma consciente, el ser humano. Y logramos las mejores reflexiones, de hecho, cuando asumimos el punto de vista del observador. En pocas palabras, cuando cambiamos de perspectiva.

¿Cómo cambiar de perspectiva?

Imagina que estás en una selva. La vegetación es alta. No ves salida. Puedes tratar de abrirte camino, separando hojas y ramas con los brazos. Pero esto solo te permitirá ver, cuanto mucho, un metro más adelante. No hay puntos de referencia. Si continúas, es posible que camines en círculos.

Ahora, tienes otra alternativa. Puedes buscar un árbol muy alto y trepar. Una vez que llegues a la copa, tendrás una visión más clara del camino que debes seguir. Podrás ver una salida.

Este mismo concepto se practicaba algunos siglos atrás, en la época de los grandes navíos. Allí, en el mástil, se ubicaba una especie de canasta. Era un puesto de observación al que subían los vigías. Su misión era ver a la distancia y detectar naves enemigas u orillas donde poder llegar.

De eso se trata la reflexión, de cambiar de perspectiva. El secreto de una buena reflexión radica en elevarnos, para ver la situación desde un punto de vista que ofrezca un panorama más amplio.

Te puedo asegurar que, mientras más practiques este cambio de perspectiva, más rápido vas a lograr reflexiones que te ayudarán a expandir tu visión limitada de la realidad.

El cambio de perspectiva te ayuda a conectar con tu esencia

Cuando desarrollas la habilidad para ver una situación desde una perspectiva distinta de la tuya, puedes entender mejor por qué una persona actúa de una determinada manera. Puedes comenzar a establecer conexiones de empatía, un sentimiento que te ayuda a conectarte con tu verdadera esencia y sobre el que volveré a hablarte, de forma más amplia, en mi próximo libro.

Capítulo 3
Diferencia entre pensar y reflexionar

Pensar es una acción casi siempre involuntaria. No somos conscientes de muchos de nuestros pensamientos, porque estos suelen ser generados por los programas que tenemos instalados en nuestro disco duro mental, desde muy temprana edad. En cambio, la reflexión sí es una actividad consciente.

Ahora comprendes que la reflexión es una actividad más compleja que un simple pensamiento. Para reflexionar tenemos que pensar, sí. Pero para pensar, no es necesario reflexionar. Algunas personas creen que pensar largo tiempo sobre un tema es una señal de que están reflexionando. No se dan cuenta de que pensar no es reflexionar.

Reflexionar es un acto consciente, en el que tomamos control sobre nuestros pensamientos. Es un proceso mental, que nos lleva a generar preguntas transcendentales para conocernos mejor y comprender nuestro entorno. Consiste en pensar, pero no de cualquier manera. Es pensar con detenimiento y cuidado, para no reaccionar de forma automática, controlados por un sistema de creencias limitante.

Nuestro sistema de creencias es el resultado de las ideas que nos han inculcado padres, familiares, amigos, maestros y otras figuras con credibilidad. También incluye las creencias de nuestro país y otros grupos de pertenencia y, las más arraigadas de todas, las creencias religiosas.

Todas esas creencias conforman nuestra verdad individual, la cual es diferente en cada ser humano. No vemos la realidad como es, sino tal como somos nosotros. Todo depende del entorno donde nacimos y crecimos. Pero, por lo general, no somos conscientes de todo lo que creemos. Nuestras creencias nos afectan de forma inconsciente.

Por esa razón, insisto en que debemos superar nuestros sistemas de creencias para generar reflexiones transcendentales, que nos permitan subir de nivel. Todas esas creencias individuales están en nuestra mente. Son las que dan vida al personaje que representamos, en esta obra de teatro que llamamos 'vida'. Sin embargo, cada vez que basamos nuestros pensamientos en el personaje que tenemos configurado, nos alejamos de nuestra verdadera esencia.

Pero no quiero ser confuso. Ojo: no afirmo que tus creencias actuales sean malas. En realidad, gracias a ellas eres quien eres. La propuesta es quitarle el poder que tienen sobre ti; no permitir que distorsionen tu percepción de la realidad. Es salir de la burbuja, ¿recuerdas?

Pensamientos que nos separan o nos unen

Hay una clave que debes tener siempre presente: Todo pensamiento que te separe de otros seres humanos te aleja de la conexión con tu verdadero ser. Y, en cambio, todo pensamiento que te haga sentir en unión con otras personas es un pensamiento que te conecta.

Discriminación, xenofobia, racismo, homofobia, fanatismo religioso y, en general, todo tipo de intolerancia hacia otros seres humanos, son pensamientos que nos desconectan de nuestra esencia divina.

Pensamientos horizontales o verticales

Se puede decir que existen dos tipos de pensamientos. Por un lado, tenemos los pensamientos horizontales: aquellos que nos mantienen en el mismo nivel de conciencia en el que estamos actualmente. Y existen también pensamientos verticales, que nos permiten cambiar de perspectiva y expandir nuestra conciencia.

Generalmente, las preguntas verticales comienzan una vez que nuestra conciencia ha despertado.

Respuestas horizontales o verticales

En el momento en que nos hacemos preguntas verticales, debemos estar alertas. Si las respuestas provienen de nuestro sistema de creencias limitado, simplemente no estaremos saliendo del estado de conciencia en el que ya nos encontramos.

Es cierto, es importante hacernos preguntas verticales

para expandir nuestra conciencia. Pero más importante aún es arribar a respuestas verticales. De lo contrario, no estaríamos avanzando. Con respuestas verticales, me refiero a aquellas que están por encima de nuestra percepción cotidiana. No están condicionadas por los cinco sentidos ni por una razón controlada por creencias.

Ejemplos de preguntas verticales: ¿Quién soy? ¿Para qué estoy aquí? ¿A dónde voy? Son preguntas profundas, que pueden llegar a ser transcendentales en nuestras vidas, siempre que las respuestas no provengan del hemisferio izquierdo del cerebro.

Nuestra mente racional podría dar respuestas horizontales: ¿Quién soy? Daniel López de Medrano, comunicador social. ¿Para qué estoy aquí? Para escribir un libro sobre la reflexión. ¿A dónde voy? Al terminar este capítulo, iré al cine con mi hijo. Puedes observar cómo estas respuestas no nos llevan a ningún lado. Quedamos donde estábamos, porque las respuestas fueron dadas desde el personaje.

Con estos ejemplos, espero haber aclarado la importancia de mantenernos alertas. Estas sencillas respuestas muestran cómo nuestra mente racional puede quitarles todo el poder a las preguntas verticales. Nuestro personaje maniobra para que no nos demos cuenta de quiénes somos en realidad.

Cuando experimentamos una realidad basada en respuestas verticales, fruto de nuestras propias reflexiones, trascendemos el personaje; comenzamos a percibir una realidad diferente. Pero no fue nuestro entorno el que cambió. Fuimos nosotros, internamente.

Capítulo 4
Diferencia entre meditar y reflexionar

E s común que estos dos términos se confundan en Occidente. Muchos usan la palabra 'meditar' para referirse al acto de reflexionar. Y la confusión es válida. Veamos la definición de la Real Academia de la Lengua Española sobre la palabra meditar: *"Pensar detenidamente, con atención y cuidado. Reflexionar"*.

Y si buscamos la definición de 'reflexionar', nos dice algo muy similar: *"Considerar detenidamente algo"*.

En la civilización occidental no está contemplado el concepto que sí encierra la palabra 'meditar' en Oriente. Me imagino que los diccionarios del Extremo Oriente definen esta palabra de otra forma.

La meditación a la que me refiero en este capítulo es la práctica que pretende disminuir el flujo de pensamientos de muestra mente, para ubicarnos en el aquí y ahora. Muchos gurús de moda, de la llamada "Nueva Era", nos quieren vender la idea de que meditar es no pensar, dejar la mente en blanco por largos periodos de tiempo. Pero se trata de un afán prácticamente imposible. Lo que sí debemos buscar es ampliar el espacio entre pensamiento y pensamiento.

Para los efectos de este capítulo, debemos entender que la meditación busca acallar los pensamientos, mientras que la reflexión nos invita a todo lo contrario. La reflexión requiere que generemos pensamientos. Pero recuerda: siempre de forma controlada.

La reflexión es una actividad que nos ayuda a comprender nuestro entorno o mundo exterior. Por otro lado, la meditación es como la reflexión, pero orientada hacia adentro. La meditación nos ayuda a comprender nuestro mundo interno. Por medio de la meditación, podemos lograr lo que se conoce como introspección, palabra que viene del latín *introspicere*, que significa *"mirar en el interior"*.

Lo ideal es practicar la meditación a la par de la reflexión. Ese ha sido mi combo, para lograr la expansión de conciencia que me ha permitido conectarme con mi esencia. La meditación calma la mente y te da la claridad necesaria para lograr luego reflexiones profundas.

Para que tengas una idea, siempre escribo mis artículos y libros después de meditar. Cuando tengo la mente bombardeada de pensamientos, la inspiración no fluye por mis dedos.

Curso gratuito de meditación

Si deseas aprender a meditar, te ofrezco mi curso de meditación online, completamente gratis. Incluye un taller de dos (02) horas y cinco (05) audios descargables. En este curso de meditación aprenderás una técnica muy sencilla, que te ayudará a conectarte con tu esencia y aumentar tu frecuencia de vibración interna.

Se trata de un método libre de dogmas, ritos o ceremonias y que puedes practicar sin importar cuáles son tus creencias religiosas. Y todo explicado en un lenguaje simple de entender.

Si quieres saber más, entra al siguiente link:

meditacion.lopezdemedrano.com

Capítulo 5
Diferencia entre razonar y reflexionar

Razonar es el acto de exponer razones para probar algo. El hemisferio cerebral izquierdo, mejor conocido como el hemisferio de la razón y la lógica, es el encargado de esta tarea. Ese lado de nuestro cerebro usa comparación dual, juzga y es crítico.

Cuando reflexionamos usando el hemisferio izquierdo, nos limitamos. Ese hemisferio no tiene la visión global que necesitamos para pasar a un pensamiento vertical y cambiar de perspectiva. Esta cualidad pertenece al hemisferio derecho.

En un próximo capítulo ampliaré más el tema de los hemisferios. Por ahora, debes tener presente que los pensamientos racionales generalmente vienen de nuestro personaje y están limitados a nuestras creencias.

La razón no es una cualidad exclusiva de los seres humanos

Durante siglos, se ha creído que una de las principales diferencias entre el cerebro humano y el cerebro animal es la capacidad de generar pensamientos y razonar. Sin embargo, gracias a estudios científicos realizados en años recientes, ese paradigma se ha derrumbado.

Por ejemplo, en su libro *Les animaux pensent-ils?*, Joëlle Proust, psicóloga cognitiva francesa, asegura que los animales con cerebro no solo son capaces de pensar, sino también de imaginar.

Y eso no es todo. Hasta hace muy poco, se pensaba que el raciocinio (la capacidad de razonar) era una facultad exclusiva de los seres humanos. Pero esa hipótesis está siendo refutada. Cada vez surgen más estudios que demuestran el uso de pensamientos racionales por parte de otras especies animales.

No solo la doctora Proust ha llegado a la conclusión de que el ser humano no es el único animal racional. También el biólogo Donald Griffin lo afirma. Y va un paso más allá, cuando asegura que otros animales también tienen conciencia. En una de sus publicaciones, nos dice:

"El razonamiento y la conciencia animal simplemente se han convertido en la última de la larga lista de características supuestamente exclusivas del ser humano, que hay que admitir que son compartidas más ampliamente dentro del reino animal".

La existencia de la conciencia en los animales no humanos quedó avalada en una declaración firmada en el

2012 por un destacado grupo de científicos, entre quienes se encontraba Stephen Hawking. Dicha declaración, *The Cambridge Declaration on Consciousness*, proclama con bases científicas que muchos animales, entre los que se cuentan mamíferos y aves, son conscientes de un modo similar al ser humano.

Como se puede observar, la capacidad de razonamiento, la que hace sentir a más de uno superior a los animales, ya no nos hace los seres más evolucionados del planeta. Es más, estoy seguro de que muchos estarán de acuerdo conmigo si afirmo que algunos animales exhiben comportamientos más racionales que muchos humanos.

Sin embargo, yo sí considero que una diferencia entre los animales no humanos y nosotros, es la capacidad de reflexión. Si no hacemos uso de ella, simplemente desperdiciaremos una de las herramientas más poderosas de las que disponemos para la evolución de nuestra especie.

CAPÍTULO 6
¿Como influyen los hemisferios cerebrales?

N uestro cerebro está anatómicamente dividido en dos. Cada parte es llamada 'hemisferio'. Así, cada cerebro tiene un hemisferio izquierdo y un hemisferio derecho. Antes de comenzar tu nueva etapa como persona reflexiva, en procura de expandir su conciencia, es muy importante que entiendas cuáles son las funciones de cada hemisferio.

El hemisferio izquierdo es el encargado de controlar el pensamiento lógico y racional. Maneja los cálculos matemáticos y la formulación del lenguaje, al leer, hablar o escribir. Este hemisferio entiende el tiempo de forma lineal. Es analítico. Se enfoca en las partes; no en el todo. Clasifica, toma todo de forma literal, critica y sigue reglas.

El hemisferio derecho, en cambio, es el encargado del pensamiento creativo: la fantasía, la imaginación, el talento musical y, en general, todas las actividades artísticas. Este hemisferio es atemporal. Es decir, no se maneja por un concepto lineal del tiempo. Observa la realidad de modo global. No se detiene en las partes que componen un todo, sino que se enfoca en el conjunto. Integra, es intuitivo, no enjuicia. No le preocupan las reglas y, gracias a él, entendemos las metáforas.

Debes aprender a reflexionar desde tu hemisferio derecho, aquel que te ofrece una visión más amplia de la situación o del tema que estés abordando. Es importante que sea así, porque te permite observar las situaciones como un todo. No por fragmentos, como hace el hemisferio izquierdo. El hemisferio derecho te brinda la visión del bosque. No solo de los árboles.

Puesto que hemos sido programados desde muy pequeños para usar el hemisferio izquierdo, muchas personas solo piensan con esa mitad del cerebro. El resultado es, por supuesto, asimétrico. Es como tener un brazo fuerte, muy entrenado, y el otro sin uso, atrofiado. Si tú eres una de esas personas, te recomiendo ejercitar el hemisferio derecho. Y es especialmente importante que lo hagas, porque allí se encuentra la puerta hacia otras dimensiones, que vibran a una frecuencia más elevada que la tercera dimensión.

En conclusión, lo ideal es que usemos el hemisferio derecho al momento de reflexionar. Sin embargo, eso no quiere decir que podamos prescindir totalmente del hemisferio izquierdo. De hecho, necesitamos usar algunas características del izquierdo, en más de una ocasión. Con el tiempo entenderás que las reflexiones más profundas y trascendentales se logran con la interacción de ambos hemisferios cerebrales: el lógico y el intuitivo. Pero para lograrlo, primero tenemos que despojarnos de nuestras creencias limitantes.

Dicho todo esto, debo aclarar que la meta final es reflexionar desde el corazón. Es para llegar a ese punto que comenzamos el recorrido, primero, del hemisferio izquierdo al hemisferio derecho del cerebro. Luego nos tocará conectarnos al 'cerebro del corazón'. Ya explicaré en qué consiste este otro cerebro, y esa segunda parte del recorrido, en un próximo libro. Entonces, estaremos listos para vivir desde nuestra verdadera esencia.

Recomendación del autor:

Si estás interesada o interesado en realizar ejercicios para estimular ambos hemisferios cerebrales puedes descargar mi guía gratuita *Ejercicios para equilibrar tus dos hemisferios cerebrales*, entrando a este link:

guia01.lopezdemedrano.com

CAPÍTULO 7
Nuestras creencias definen nuestra realidad

Nuestras creencias son el filtro por medio del cual interpretamos la realidad que nos rodea. Para entenderlo mejor, podemos establecer una analogía entre nuestras creencias y unas gafas. Si me pongo unas gafas con cristales azules, veré todo azulado. Pero eso no quiere decir que realmente todo sea azul.

Piénsalo un momento: si otra persona usa gafas rosadas, todo su mundo será rosado. ¿Correcto? Entonces, si entiendes tan fácilmente esto, ¿por qué insistes en convencer a otra persona, que usa gafas rosadas, de que el mundo es en realidad azul? ¿Captas la idea? Cada cual ve la realidad a través del filtro de sus creencias. Para captar la realidad en su estado más puro, primero debemos quitarnos las gafas. Sí, desprendernos de nuestras ideas preconcebidas.

En este capítulo te hablaré de los diferentes tipos de creencias que habitan nuestra mente. Y esto, de una forma sencilla, sin detenernos en complejidades científicas. Ahora, es posible que te preguntes qué tienen que ver tus creencias con la reflexión. Debo decir que mucho. Tus creencias pueden llevarte a una reflexión que expanda tu conciencia o, por el contrario, mantenerte en el nivel de conciencia en el que te encuentras actualmente.

En líneas generales, nuestras creencias condicionan nuestra visión de la vida. Dirigen nuestros pensamientos y le dan forma a nuestra realidad inmediata. A eso se refiere aquella famosa frase: "Creer es crear". Por eso, es importante que reflexionemos dejando atrás nuestra zona de confort de pensamiento.

A continuación, te hablaré de algunos tipos de creencias que te pueden afectar a la hora de reflexionar. Pero antes me gustaría aclarar algo: A estos tipos de creencias les he dado nombres que simplemente se me ocurrieron para identificarlos. Es posible que otros autores, también estudiosos de la mente, establezcan otras clasificaciones usando otros nombres o incluso estos mismos, pero con definiciones completamente diferentes. Ante esta posibilidad, recuerda siempre que lo importante es el concepto. No te pierdas en laberintos semánticos. Cuando entiendas de qué se trata, tú le puedes poner el nombre que quieras, tal como hago a continuación.

Creencias limitantes

Los pensamientos limitantes son, como su nombre indica, aquellos que limitan el potencial que tenemos dentro de nosotros. Se trata de falsas creencias, que nos impiden alcanzar nuestras metas y sueños. Pueden estar formadas por creencias absorbidas, heredadas e incluso por creencias religiosas.

Sin embargo, también pueden ser creencias que nos hemos formado nosotros solos, por lo general, durante la infancia. Si es el caso, lo más seguro es que una o varias experiencias hayan validado lo que empezó como una simple presunción.

No obstante, también es posible que estas creencias, que yo llamo 'creencias de vida', se formen durante la adultez. Pero debo decir que las creencias de vida afectan más nuestra autoestima. No influyen tanto al momento de efectuar una buena reflexión, como sí ocurre con otro tipo de creencias limitantes, de las que te hablaré más adelante.

Debes entender que el paso más importante para liberarte de esas falsas creencias es reconocer su existencia. Cuando te haces consciente de la existencia de una creencia limitante, puedes comenzar a superarla.

Creencias absorvidas

Muchas veces, nuestras experiencias de vida están condicionadas a una serie de creencias que hemos absorbido de otras personas: nuestros padres, amigos, profesores o el conjunto de la sociedad.

Te daré un ejemplo: Hace años, tuve un accidente montando bicicleta. Como resultado, se me fracturó el codo izquierdo. Después de hacerme algunas radiografías, los médicos concluyeron que tenían que operarme. Desde su opinión profesional, debían implantarme una placa de metal para unir de nuevo el codo con el hueso del brazo. No parecía haber otra salida, si no quería seguir sufriendo un dolor intenso, que superaba el poder de los calmantes.

Yo sé que dentro de nosotros existe el poder para autosanarnos, y que muchas enfermedades son mentales, pero puedo asegurar que esto estaba más allá de mis conocimientos. Algún día, el ser humano tendrá el poder mental para mover su codo hasta su posición original y autosanar una fractura como la que sufrí. No lo dudo. Pero en tanto desarrollamos ese poder, no tenemos mejor alternativa que recurrir a la medicina convencional. Pensar de otra forma, sería incurrir en una actitud absurda y masoquista. Por supuesto que estoy hablando de una fractura de hueso. Esta reflexión no aplica a otras muchas dolencias y enfermedades, pero ese es tema para otro libro.

Retomando la idea de las creencias absorbidas, cuando estaba todo listo para la operación, el doctor me anunció que usaría anestesia total. En ese momento, saltó en mi mente una alarma. Y comencé a escuchar una voz que me decía: "*Está loco. No te dejes. Recuerda todos los reportes que has leído en Internet, de personas que han muerto por la anestesia total*". Sin darle señal del miedo que se generó en mí, le sugerí al doctor en un tono muy amable: "*Yo prefiero que use mejor anestesia parcial*". Él me respondió: "*Lo siento. Si no es anestesia total, yo no hago esa operación. No podré hacer un buen trabajo si usted está consciente*".

No insistí. Cuando regresé a casa, me puse a investigar en Internet sobre los problemas de la anestesia total. Fue lo peor que pude hacer. Cuando se trata de enfermedades, definitivamente Internet está lleno de información que solo lleva a la frecuencia del miedo. Y como si fuera poco, el Universo comenzó a enviarme amigos y familiares que venían a reafirmar mi miedo. *"No permitas que te haga anestesia total"*. *"Eso es muy peligroso"*. *"Al tío de María del Carmen lo durmieron completo, y se murió en la operación"*.

Este es un ejemplo de lo que representa una creencia absorbida. Consciente o inconscientemente, ha sido transferida por otras personas, sin que nosotros tengamos una experiencia personal que la apoye. El problema radica en que, si asumimos esa creencia como propia, tarde o temprano experimentaremos una situación que la valide. Y no porque sea necesariamente cierta, sino porque la hemos atraído hacia nosotros.

Como yo no pensaba estirar la pata en esa operación, resolví de forma consciente que las experiencias de otros no tenían por qué ser como la mía. Dejé de escuchar mi mente y me conecté con mi esencia. Decidí que operarme con anestesia total no representaría ningún problema para mí. Mi corazón me decía que ese era el doctor que tenía que operarme. Y si su condición era usar ese tipo de anestesia, yo no debía dudar de lo que me decía el corazón.

La operación se realizó y todo salió perfecto. Dos años después, me tuve que enfrentar a otra operación, de la cual les contaré en mi próximo libro. Solo adelanto esto: Nuevamente me durmieron por completo y todo salió, otra vez, a la perfección.

Con esta anécdota, quiero hacerte entender que muchas veces asumimos que algo es verdad, tan solo porque alguien de nuestro entorno lo cree. O algo peor: porque lo cree la mayoría. Las creencias que sustentan las diferentes sociedades, en nuestro planeta, son creencias que se han transmitido de generación en generación. Muchas veces, sin que nadie se digne a cuestionar su validez. A eso se le llama 'paradigma'.

Creencias heredadas

A primera vista, se puede pensar que las creencias heredadas son una variedad de las creencias absorbidas, pero se distinguen por dos aspectos muy importantes. Mientras que las creencias absorbidas pueden provenir de cualquier persona, las heredadas tienen su origen en algún miembro de nuestra familia en línea con nuestra ascendencia directa. Puede tratarse de nuestro padre, nuestra madre, los abuelos, bisabuelos y pare usted de contar.

La otra diferencia es que las creencias heredadas no requieren que tengamos contacto directo con el familiar en quien se originó esa creencia. Es más, puede estar muerto, porque este tipo de creencias se transmite de generación en generación, no solo a través de palabras, también en nuestros genes.

Por ejemplo, nuestra bisabuela materna pudo haber creído, por su experiencia de vida, que se tiene que trabajar duro para ganar dinero. Esa creencia se ha transmitido a la siguiente generación. Y a la siguiente y a la siguiente. Y puede llegar a afectarnos a nosotros. Por eso es tan importante detectar cualquier falsa creencia y eliminarla de nuestra realidad. Así, estaremos también liberando a las generaciones futuras.

Creencias religiosas

No tengo la más pequeña duda de que las creencias religiosas son la principal causa por la que nuestra sociedad sigue dividida y la humanidad se mantiene dormida, sin descubrir su verdadero poder. Por las creencias religiosas, se han generado guerras y se ha asesinado a millones de personas, a lo largo de la historia de la humanidad.

En un plano con consecuencias menos dramáticas, puedo hablar de mi experiencia personal. Tras despertar del encantamiento de la Iglesia Católica, que duró poco más de 40 años, comencé a sentirme libre para realizar reflexiones más profundas, reflexiones no condicionadas a una serie de dogmas y ritos, que estaba obligado a creer, sin cuestionamientos.

Me gustaría aclarar que no me arrepiento de todo ese tiempo invertido. Y no guardo ningún tipo de rencor. Es más, sin esa experiencia, no sería la persona que soy hoy. Todo ese conocimiento me ha servido para ayudar a despertar a otras personas, que siguen dentro de esta religión.

Si tú eres una de esas personas, espero que no me malinterpretes. Ni por un momento digo que pertenecer a una religión sea malo. Si te sientes bien, estás haciendo lo correcto para tu evolución. Pero estoy seguro de que en algún momento te darás cuenta de que Dios es demasiado grande para encapsularlo en cualquiera de las diferentes religiones. El Dios en el que crees no es más poderoso que el que proclaman otras religiones.

¿Te has preguntado cuáles serían tus creencias religiosas si hubieras crecido en la India, China o el Tíbet? Lo más seguro es que tendrías creencias religiosas diferentes de las que tienes hoy.

Por haber nacido en esta parte del mundo, es probable que pertenezcas a la Iglesia Católica. Pero te diré algo: Al reflexionar, no tienes que temer cuestionar nada, ni siquiera los dogmas y reglas de la Iglesia. La propia Iglesia Católica lo ha hecho en varias ocasiones. Por ejemplo, después de defender por siglos la existencia del infierno, un papa, Juan Pablo II, declaró que ese lugar no existe. Y tú tienes el mismo derecho a cuestionar creencias y dogmas, sobre todo aquellos que se alejan de las enseñanzas originales.

Muchas personas llegan a un punto en el que prefieren no reflexionar. Les da miedo que sus pensamientos los saquen de la zona de confort de sus creencias. En este renglón, nos podemos encontrar con individuos y grupos que, debido a su fanatismo religioso, tienen bloqueada su capacidad de reflexión. Creen que pecarían o que pueden sufrir el castigo de Dios, si se cuestionan las ideas impuestas por sus líderes religiosos.

Esta última no es la afirmación de un crítico de la Iglesia Católica. Es el resultado de una reflexión que realicé en la etapa en la que salí de mi burbuja. Recuerdo que, en la época en la que pertenecía a la Iglesia, me negué a ver la película El Código Da Vinci, basada en el libro de Dan Brown, solo porque presentaba una visión de la vida de Jesús diferente de la que defendía la Iglesia. A pesar de que el protagonista era interpretado por Tom Hanks, uno de mis actores favoritos, no estaba dispuesto a escuchar una teoría que removiera mis creencias religiosas. Hoy en día, entiendo que me rehusaba por miedo. No quería dejar mi zona de confort de pensamiento. Y me doy cuenta de lo ciegos que podemos ser, cuando nos encerramos en una burbuja de realidad.

Al reflexionar con libertad, sin permitir que nuestras creencias nos condicionen, logramos alcanzar un nivel de conciencia que una persona sumisa a una ideología, como puede ser una religión, jamás podría alcanzar.

Recuerda que una buena reflexión incorpora diferentes puntos de vista. Así puedes expandir tu conciencia, de forma que el resultado no se convierta en una mera creencia adicional, sino en una verdadera certeza.

No obstante, es muy importante que tus acciones estén alineadas con tu reflexión. De esa forma, lograrás que el aprendizaje se incorpore a tu realidad. Para lograr el equilibrio y la armonía en tu vida, es indispensable que lo que piensas, dices y haces apunten en la misma dirección. Es lo que se entiende por coherencia.

¿Que hacemos con las creencias al momento de reflexionar?

Nuestra mente funciona como una computadora. Originalmente, viene con unos programas básicos, como un sistema operativo que maneja todas las funciones vitales. Por ejemplo, tenemos un programa que se encarga de las pulsaciones del corazón, otro que controla la respiración, uno más que vela por el crecimiento de las uñas y el cabello, etcétera.

Sin embargo, a lo largo de nuestra vida vamos instalando nuevos programas en nuestra mente. Estos nuevos programas son precisamente las creencias que determinan nuestra realidad.

Debes tener presente que, para lograr una reflexión que nos lleve a un nivel superior, más de una vez nos veremos obligados a desinstalar o bloquear esos programas, que impiden ampliar nuestra visión. En otras palabras, deberemos deshacernos de creencias que nos impidan generar pensamientos verticales, aquellos a los que nos referimos en el capítulo 3.

La clave está en tratar de dejar la computadora lo más parecido posible a como vino de fábrica. De eso se trata una frase de Jesús: *"Para entrar al Reino de los Cielos, hay que hacerse como un niño"*. Es decir, regresar al estado original, cuando solo teníamos los programas básicos.

Recomendación del autor:

Si estás interesada o interesado en superar esas creencias limitantes en forma efectiva te recomiendo mi curso online *Programa tu Mente*. Es un método basado en audios subliminales y la Ley de la Atracción. Como cortesía por haber comprado este libro usa el cupón *"PDR10"* al momento de ordenarlo y te ahorrarás US$10.

Para más información puedes entrar a este link:

www.programatumente.com

CAPÍTULO 8
Otros factores que nos afectan

Los paradigmas

Paradigma es un término de origen griego. Proviene de *parádeigma*, que significa modelo, patrón, ejemplo o arquetipo. Los paradigmas se describen como un conjunto de experiencias, costumbres, creencias y valores que influyen en la forma como percibimos la realidad.

Existen muchos tipos de paradigmas. Los hay científicos, sociales, educativos, históricos, económicos o políticos.

Los paradigmas a los que me refiero acá son patrones o modelos de conducta, heredados o aprendidos, que pueden tener vigencia durante siglos e incluso milenios. A veces, sin que se produzca cambio alguno en ellos.

Por lo general, adoptamos de forma inconsciente estos patrones de conducta. Alguien, que los recibió de un tercero, los transfiere a nuestra mente en forma de ideas. Estas ideas tratan acerca de lo que las cosas 'son' o de cómo 'se hacen'.

Si queremos expandir nuestra conciencia, debemos romper los paradigmas heredados, cuyo origen y motivo casi siempre desconocemos. A menudo, la respuesta a la pregunta de por qué algo debe ser de una determinada manera es un "porque sí", o un "porque siempre ha sido así".

Te recomiendo investigar sobre el nacimiento de los paradigmas que rigen tu vida. Te sorprenderá descubrir que muchas veces sus orígenes carecen de la lógica más elemental y, a pesar de eso, se han mantenido y reproducido por mucho tiempo en el inconsciente colectivo.

El problema radica en que estos paradigmas, a menudo, terminan operando en nuestras vidas como creencias limitantes. Al enseñar que las cosas 'son' o 'se hacen' de una determinada manera, conducen al rechazo de toda la infinita gama de posibilidades alternas.

Podemos encontrar ejemplos simples de paradigmas en mensajes cotidianos: "Lo barato es de mala calidad". O, en el mismo sentido: "Si es gratis, no vale nada". Quien así lo cree, por una sencilla lógica de oposición tenderá a creer que los productos costosos son mejores, aun cuando eso no siempre es verdad.

Si quieres saber cómo nace un paradigma, te invito a ver el siguiente video, que publiqué en mi canal de YouTube:

link05.lopezdemedrano.com

Autojustificación

Podemos definir la palabra *'justificación'* como un argumento que apoya o sustenta una idea. Cuando hablamos de autojustificación, nos referimos a aquellos argumentos con los que tratamos de convencernos, nosotros mismos, de que estamos en lo correcto. Y muchas veces intentamos convencer también a otros, para validar esa autojustificación.

Por lo general, la autojustificación se produce cuando se nos presenta lo que se conoce como 'disonancia cognitiva'.

Leon Festinger, autor del libro *Una teoría de la disonancia cognitiva*, nos dice: *"Las personas no soportamos mantener al mismo tiempo dos pensamientos o creencias contradictorias. Automáticamente justificamos dicha contradicción, aunque para ello sea necesario recurrir a argumentaciones absurdas"*.

Es importante que aprendamos a detectar cuando nos estamos autojustificando, porque esa actitud es un lastre que no permite expandir la conciencia. Al contrario, limita la absorción de cualquier nuevo conocimiento que pueda contradecir las creencias que ya tenemos arraigadas. Al final, terminamos justificando nuestras propias limitaciones.

Yo estoy convencido de que nuestro cerebro es ocioso. Prefiere aferrarse a una creencia existente, antes que intentar sustituirla por una nueva. Y si alguien nos demuestra con hechos y pruebas que estamos equivocados, la primera reacción será buscar excusas para quitarles valor.

Prejuicios

La palabra *'prejuicio'* proviene del latín praeiudicium,

"juicio previo". Y con este significado se mantiene hasta hoy. Un prejuicio consiste en emitir un juicio sobre algo, de forma anticipada. Y es una actividad mental que termina distorsionando nuestra percepción de la realidad.

Los prejuicios son creencias establecidas a partir de experiencias pasadas, no siempre propias. Con frecuencia, se transmiten entre costumbres y tradiciones. En suma, como creencias heredadas. Y pueden ser muy difíciles de erradicar.

Por ejemplo, pese a que son combatidos por muchos medios, sobre todo tras la atrocidad que significó la ideología nazi, todavía es común encontrar prejuicios de contenido racial. Y estos son solo algunos de los muchos prejuicios discriminatorios o basados en estereotipos que aún pululan en nuestra sociedad.

A veces, los prejuicios se enmascaran en la forma de un presunto conocimiento del entorno: "Las mujeres no se saben estacionar". "Los jóvenes son imprudentes". "Las chicas rubias no suelen ser inteligentes". "Las personas pobres y de color son potenciales delincuentes".

Como puedes observar, si permites que tus prejuicios prevalezcan al momento de intentar una reflexión, habrás amputado el poder de tu pensamiento reflexivo, para expandir tu conciencia.

Por lo general, en nuestra cotidianidad, no somos conscientes de nuestros propios prejuicios. Estos suelen actuar en 'modo oculto' o 'invisible', pero ejercen influencia sobre nuestra visión del mundo y sobre nuestras decisiones. Felizmente, una reflexión libre y lúcida nos permite identificar esos pensamientos tóxicos.

Eliminar los prejuicios de nuestros procesos de pensamiento es una tarea noble, en la que cooperan los ámbitos de la meditación y la reflexión. La meditación misma se puede entender como el ejercicio consciente de desprendermos de nuestras opiniones (y prejuicios), de modo que lleguemos a observar el tránsito de los pensamientos por nuestra mente, sin que esta se detenga a catalogarlos y evaluarlos.

No descartar lo imposible e ilógico

A lo largo de la historia, incontables han sido las ideas que fueron consideradas imposibles y, con el paso de los años, se revelaron acertadas. A menudo, la ficción está separada de la realidad por algo más que nuestra limitada percepción. A veces, la distancia se reduce a un mero lapso de tiempo.

Para la mayoría de hombres y mujeres en 1865, cuando se publicó por primera vez *De la Tierra a la Luna*, un viaje de esas características no era más que un delirio, fuera de toda lógica. Sin embargo, 104 años después, la humanidad entera presenció cómo el sueño de Julio Verne se hacía realidad, con el alunizaje del Apolo XI.

Algo similar ocurrió con otro de sus libros, *Veinte mil leguas de viaje submarino*, en el que narraba las aventuras del capitán Nemo y su nave, el Nautilus. Dicho submarino usaba electricidad para moverse, y esta era generada por una misteriosa fuente de energía, limpia e inagotable. Muchos interpretan que Verne se refería a la energía nuclear. Lo curioso es que en 1871, año en el que vio la luz esta novela, ni siquiera existían los submarinos. Albert Einstein no había formulado la teoría en la que se basó el uso de la energía nuclear. Es más, ni siquiera había nacido Albert Einstein. Y todavía los barcos se desplazaban con motores a vapor.

Sin duda, Julio Verne fue un visionario. Logró adelantarse a su tiempo y predijo inventos que eran impensables en su época.

Tomemos como referencia el ejemplo de Verne, y abrámonos a la posibilidad de que muchas ideas y conceptos, que hoy consideramos imposibles o indemostrables, al cabo de algún tiempo se conviertan en algo real.

¿Y qué tiene que ver todo esto con la reflexión? Recuerda el propósito principal de esta actividad: ampliar nuestra perspectiva de la realidad. Para ello, es indispensable que nos mantengamos abiertos a lo que consideramos ilógico o imposible. Lo que hoy se presenta así, mañana puede parecer habitual.

Debemos evitar creer que alcanzamos la cúspide de todos los conocimientos. Esta arrogancia restringe nuestra visión de la realidad a lo trivial o conocido. Nos enceguece ante lo nuevo.

No eres tus creencias

Nunca olvides esta simple frase: Tú no estás definido por tus creencias limitantes. Ellas son solo ideas. Si tú decidiste, de forma consciente o inconsciente, creer que son reales, también puedes decidir dudar, cotejarlas, analizarlas, matizarlas o abandonarlas. Cuando te haces consciente de tu elección, logras recuperar tu poder interno, vives lo que se conoce como 'empoderamiento'.

Al cambiar las creencias que te limitan, estarás dejando atrás esas opiniones que te impiden aceptar nuevas ideas o conceptos. Y este es un paso importante para comenzar este camino de exploración y descubrimiento, el camino del autoconocimiento y la conexión con tu verdadera esencia.

Capítulo 9
Pensamientos divergentes y convergentes

Desde hace unos pocos años, se ha puesto de moda la palabra 'divergente'. Esto, gracias a una taquillera saga cinematográfica, basada en la trilogía de la escritora estadounidense Verónica Roth. La historia se basa en una sociedad futurista, aparentemente utópica, en la que la población es dividida en grupos, asociados a diferentes virtudes del ser humano. En los libros de Roth, estos sectores se llaman 'facciones'.

En la propuesta de Verónica Roth, cada facción cultiva una virtud humana en particular. Así, tenemos las facciones de Abnegación, Erudición, Cordialidad, Osadía y Honestidad. El conjunto de la sociedad parece consciente de que, cuando se combina el trabajo de los diferentes grupos se obtiene un beneficio en común, el funcionamiento de un sistema que se supone perfecto.

Este sistema se implementó después de que la humanidad

estuvo al borde de la extinción, a causa de la guerra. Al agrupar a las personas en estas cinco facciones, esta sociedad imaginada buscó erradicar los males que llevaron a que los seres humanos entraran en pugna entre sí.

De acuerdo con la novela, quienes pertenecen a una facción solo adquieren conocimiento sobre esta. Sin embargo, existe un grupo de personas, llamados 'divergentes', que son considerados un peligro para la estabilidad de esa sociedad ideal. Este grupo no pertenece a una facción específica, por la sencilla razón de que encaja en más de una. Pueden llegar incluso a desarrollar todas las virtudes.

Nosotros, al igual que los personajes principales de esta historia, tenemos que romper las cadenas que nos atan a los pensamientos encapsulados. Esto, si de verdad deseamos expandir nuestra conciencia. Ese tipo de pensamiento encapsulado se conoce como 'pensamiento convergente', en oposición al 'pensamiento divergente'. Ambos conceptos fueron presentados por el psicólogo estadounidense Joy Paul Guiford, en sus estudios sobre la inteligencia humana. A continuación, explico las características de estos dos tipos de pensamiento.

El pensamiento convergente

El pensamiento convergente presenta una respuesta única y convencional. Es el pensamiento lógico o racional. Este tipo de pensamiento se mueve en una sola dirección y se mantiene en un mismo plano. Su característica más relevante es que sus límites están definidos y se mantiene en un universo cerrado. Es útil en ciertas situaciones, pero no es de mucha ayuda a la hora de reflexionar.

Es evidente que el sistema educativo tradicional nos programa desde pequeños para funcionar con este tipo de pensamiento. Y hay suficientes indicios para suponer que algunos grupos de poder temen que las personas comunes despertemos plenamente nuestro potencial y generemos pensamientos divergentes.

Podemos encontrar un ejemplo sencillo de esta manipulación, implícita en nuestros sistemas educativos, en los exámenes de selección múltiple. Allí se pretende medir el conocimiento, pero al mismo tiempo se induce una forma de pensar. Se nos presentan una pregunta y cinco posibles respuestas. Pero solo una es "correcta".

Con esto, no pretendo decir que los pensamientos convergentes sean inútiles. Por supuesto que tienen aplicaciones prácticas valiosas, pero siempre en ámbitos con variables limitadas y controladas. Justo la situación que no encontramos en la vida.

Con estos dos tipos de pensamiento, convergente y divergente, se nos presenta la misma disyuntiva que comenté en el capítulo sobre los hemisferios cerebrales. Estamos entrenados, programados para generar en todo momento pensamientos convergentes. Pero, lamentablemente, estos no son idóneos para alcanzar el proceso de reflexión profunda del que trata este libro.

Y lo que digo queda evidenciado cuando los estudios demuestran que el pensamiento convergente pertenece al hemisferio izquierdo del cerebro, mientras que el pensamiento divergente, que trataré a continuación, se desarrolla en el derecho.

El pensamiento divergente

Este es un tipo de pensamiento que se caracteriza por mirar desde diferentes perspectivas. No se limita a los puntos de vista usados tradicionalmente. Busca flexionar las posturas rígidas y los esquemas conocidos, produciendo nuevas conexiones. Es un estilo de pensamiento que abre caminos, porque se mueve en varias direcciones.

Algunas de las diferencias entre estos dos tipos de pensamiento son significativas:

- El pensamiento convergente sigue clasificaciones y etiquetas fijas.

- El pensamiento divergente no.

- El pensamiento convergente usa la negación para descartar otras posibilidades.

- El pensamiento divergente no rechaza ninguna posibilidad, por absurda que parezca.

Definitivamente necesitamos pensamientos divergentes para realizar reflexiones expansivas. Solo estos nos desvinculan de los patrones preestablecidos y permiten que pensemos con flexibilidad y, a fin de cuentas, con libertad.

CAPÍTULO 10
La capacidad de reflexión de la sociedad actual

Antes de que Internet se convirtiera en el mayor medio de comunicación de todos los tiempos, el siglo XX fue modelado por medios de comunicación masiva con muy escasos emisores y audiencias multitudinarias, que recibían información con prácticamente ninguna posibilidad de interactuar. Hablo, por supuesto, de medios unidireccionales todavía vivos, como son la radio, la prensa, el cine y la televisión.

Aquí, conviene detenerse en una precisión: la información que se transmitía y la que se transmite por esos medios pasa primero por el filtro de dueños y accionistas. Filtro que responde, en primer lugar, a sus propios intereses.

Pero este filtro no existe en Internet, un medio que en pocos años se nos ha hecho cotidiano y, muchas veces, indispensable. Y con su irrupción violenta, nos enfrentamos a un fenómeno social que a veces nos sobrepasa. Me refiero a la intoxicación por exceso de información, también conocida como '*infoxicación*'.

Si la producción de información se incrementó enormemente durante el siglo pasado, con el nuevo milenio está haciendo explosión. Y nos sometemos a diario a una infoxicación, cada vez que la información que nos rodea, o aquello que creemos que debiéramos saber, supera nuestra capacidad de asimilación.

Todo el día somos bombardeados con tanta información, sobre todo por Internet y la televisión, que la gran mayoría termina por dejar en desuso y en definitiva atrofiar su capacidad de reflexión. Luego decimos que "no tenemos tiempo", pero la verdad es que nuestra atención está dirigida a recibir más información predigerida. A fin de cuentas, nos adherimos a las reflexiones de terceros, y nos limitamos a "ejercitar" nuestra flojera mental.

En la Edad Media y la antigüedad, el ser humano común sobrevivía con muy poca información. Hoy vive sobreinformado. Pero cualquiera de estos dos extremos nos lleva al mismo resultado: nos hace vulnerables, nos coloca en posición de ser manipulados. Nuestro sistema de vida no nos permite procesar toda la información que recibimos. Nos llega tanta información, a veces contradictoria y por diferentes vías, incluidas las redes sociales, que ya no sabemos qué creer.

La reflexión como herramienta de crecimiento personal

Observarnos a nosotros mismos y reflexionar sobre

nuestros pensamientos, emociones y actitudes es una excelente forma de conocer mejor nuestro interior. Te aseguro que la reflexión es una excelente herramienta para el crecimiento personal.

La misma analogía que usé en el capítulo 2, la de subirnos al mástil del barco para cambiar la perspectiva, la podemos aplicar cuando reflexionamos sobre nosotros mismos. Se trata de practicar la autobservación y asumir una actitud crítica y reflexiva.

Debes crearte el hábito de reflexionar antes de hablar de temas transcendentales. Debemos evitar actuar de manera impulsiva. Siempre, nuestras palabras deben ser expresión de una reflexión previa.

Asegúrate de reservar tiempo, en medio de tu ritmo de vida, y dedícalo a la reflexión, tanto sobre tu persona como sobre tu entorno.

Características de una persona reflexiva

Las personas reflexivas observan y analizan todo a su alrededor. Tienen un mayor dominio de las situaciones que les afectan y de sí mismos. La mayoría de sus acciones son fruto de una profunda reflexión y aprenden rápido de sus errores.

Las personas reflexivas son capaces de encontrar rápidas salidas a sus problemas, porque los analizan desde múltiples perspectivas.

Para tenerlo presente todos los días

Recuerda que reflexionar no es decir lo primero que te viene a la mente. Reflexionar es un proceso mental. Respira, piensa, hazte preguntas, cuestiona las creencias que te limitan, ábrete a nuevas posibilidades, y trata de encontrar siempre nuevos puntos de vista, desde los cuales responder.

Capítulo 11
¿Necesitamos información para reflexionar?

La información, por sí sola, no sirve de mucho. Distinto es hablar de conocimiento. Para usar información en un proceso de reflexión, antes tenemos que comprenderla. Comprender nos permite asimilar la información recibida y transformarla en conocimiento. En otras palabras, la información correctamente absorbida se hace conocimiento. Y una vez que tenemos conocimiento, podemos usarlo para decidir y pasar a la acción.

Lamentablemente, muchas veces las personas reciben información valiosa, que les podría ayudar en su proceso de expansión de la conciencia, y no la transforman en conocimiento. Simplemente la rechazan, cada vez que su sistema de creencias lanza una señal de alarma. Este tipo de situación se observa con más frecuencia a partir de creencias religiosas.

Si rechazamos cualquier nueva información, únicamente

porque contradice nuestro sistema de creencias limitantes, solo nos estaremos autoengañando.

Para lograr reflexiones que nos lleven a expandir nuestra conciencia, debemos adquirir algo de conocimiento, tanto de la historia convencional como de la no convencional. A continuación, te daré un ejemplo de cómo podemos usar el conocimiento para lograr reflexiones que rebasen los límites de nuestras creencias.

Hace algunos años, leyendo un libro de historia, me enteré de que la Biblia había sido creada por orden del Imperio Romano. El emperador Constantino, alrededor del año 300, convocó una reunión que se conoce como el Concilio de Nicea. En esa junta, se decidió qué textos se iban a incluir, y cuáles no, en las que en adelante se conocerían como 'Sagradas Escrituras'. Esa selección se realizó bajo supervisión del propio emperador, que en todo momento cuidó los intereses del imperio. Se seleccionaron los escritos que presentaban a Jesús como un ser divino. Y se desecharon otros, aun cuando contenían, también, enseñanzas trascendentales de Jesús. Y me refiero a enseñanzas que nos podían llevar a hacer cosas más grandes que las que él hizo, según afirmó el propio Jesús.

Esta información llegó a mí cuando estaba en proceso de reventar mi burbuja y todavía pertenecía a la Iglesia Católica. Si la hubiera pasado por mi filtro de creencias, la hubiera descartado de inmediato, tal como hacen muchas personas, que prefieren mantenerse en zonas de confort de pensamiento. Evitan cualquier información que mueva el piso de sus sistemas de creencias. Sin embargo, analicé esta información. Investigué más a fondo y encontré datos verdaderamente reveladores, de los cuales ya hablé en mi libro *Reflexiones 2012*.

Toda esta información, que se transformó en conocimiento, me ha servido para lograr reflexiones transcendentales, que me han ayudado en mi expansión de conciencia. Descubrir que la Biblia no representa fielmente la palabra de Dios, como nos quieren hacer ver, fue uno de los eventos más liberadores de mi vida.

En varias ocasiones, fanáticos sometidos a los dictámenes de la Iglesia Católica me han acusado, incluso en medio de conferencias, de atacar su religión. Sinceramente, no tengo nada en contra de esa religión. Es de la que más hablo, pero solo porque es la que más conozco. El problema (por llamarlo de alguna forma) al que apunto no es solo del Catolicismo. En el fondo, radica en todos los sistemas de creencias identificados como 'religiones'. Cuando el ser humano transcienda las religiones, que nos han mantenido separados y sumisos por milenios, entenderá que la única religión que debemos seguir es la Religión del Amor, la misma sobre la que en realidad predicó Jesús, la religión que dicta nuestro corazón.

¿Puedo adquirir conocimiento sin información?

Cuando hablo de información, me refiero no solo a datos históricos, científicos o académicos. Las experiencias de nuestra vida también nos ofrecen una gran cantidad de información, que puede configurar lo que se conoce como 'conocimiento intuitivo'. Es un tipo de conocimiento que utilizamos en nuestra vida cotidiana y nos permite interactuar con nuestro entorno. En líneas generales, se adquiere sin que se requiera para ello un razonamiento previo.

Ejemplos de conocimiento intuitivo: Saber cuándo alguien está llorando, o cuándo está feliz; saber por dónde sale el Sol, cuándo va a llover... Los ejemplos pueden ser muchos. Como pueden observar, los cinco sentidos son la fuente principal de este tipo de conocimiento. Es un conocimiento que se adquiere sin necesidad de un razonamiento previo.

Una vez que el conocimiento intuitivo crece, de forma integrada, se transforma en sabiduría. ¿Quiere esto decir que para ser sabio no hace falta estudiar? Es una pregunta posible. Y responderé con el fruto de una reflexión que hice hace mucho tiempo.

Diferencia entre inteligencia y sabiduría

En nuestra civilización occidental, es común confundir inteligencia y sabiduría. Una persona inteligente no es necesariamente sabia. La inteligencia es el resultado de saber aplicar el conocimiento. Sin embargo, el simple hecho de adquirir conocimiento no te hace una persona sabia. La inteligencia viene de la mente, la sabiduría viene del corazón.

Por ejemplo, una persona que no sabe leer ni escribir, que nunca fue a la escuela, puede ser más sabia que un científico que se graduó en la mejor universidad del mundo. ¿Captas la idea?

Es curioso cómo en Oriente se venera a los ancianos. Se mantienen como oráculos del núcleo familiar. En cambio, en este lado del mundo, la mayoría de los ancianos terminan en "guarderías" para adultos. Mi abuelita materna no sabía multiplicar ni dividir. Solo llegó a tercer grado de la escuela elemental. Y es la persona más sabia que he conocido. Vivió con nosotros hasta que partió de este plano, a los 102 años de edad.

No haber tenido acceso a una más completa educación tradicional no impidió que mi abuelita realizara reflexiones profundas. Siempre recuerdo sus consejos, cargados de sabiduría. Los transmitía con palabras simples, nunca rebuscadas.

Con esto, quiero expresar una verdad sencilla: Para lograr reflexiones que expandan tu conciencia, no es necesario haber asistido a una universidad ni tener un diploma colgado en la pared de tu sala. Tampoco adquirir conocimientos profundos de historia, ciencia o espiritualidad.

Pero jamás debes olvidar que la reflexión es solo un proceso intermedio, entre el despertar de la conciencia y la conexión con nuestra esencia. Una vez que logremos aumentar nuestra frecuencia de vibración interna y llevemos un estilo de vida coherente, en sintonía con la energía del amor incondicional, terminaremos enchufados a la fuente de toda sabiduría, que llamamos de diferentes maneras: Mente Infinita, Conciencia Cósmica o Universal, Universo, a secas, o Dios.

Es posible que en esta faceta de tu evolución requieras información y conocimientos adicionales para hacer tus reflexiones. Pero debes tener cuidado con la información que te llega por medios poco fiables.

Nunca olvides que el fin último de este proceso es

conectar con tu verdadera esencia, conectar con el cerebro de tu corazón, donde encontrarás toda la sabiduría. Al conectar con tu verdadero ser, accedes al conocimiento que te ofrece la gran Conciencia Universal.

Capítulo 12
Internet, un arma de doble filo

Aún recuerdo cuando tenía que ir a la biblioteca de mi ciudad, a buscar entre libros la información que necesitaba. Hoy, las bibliotecas están pasando de moda. Cada vez se usan menos. Y eso se debe, sobre todo, a la mayor facilidad que ofrece Internet.

Desde mi punto de vista, Internet es la base de datos y el contenedor de información más grande que ha existido en la historia de la humanidad. Como si fuera poco, también se transformó en el medio de comunicación de masas con mayor alcance, superando a los grandes medios tradicionales.

Esta información la maneja muy bien un pequeño grupo, que mantiene a la humanidad esclava, atada a un sistema inhumano. Han visto el poder de Internet y lo usan, como es su costumbre, difundiendo información manipulada.

Adicionalmente, debemos sumar el fenómeno de los blogs y videoblogs, que son plataformas en Internet, desde donde cualquier persona puede divulgar información; muchas veces, sin antes verificar la fuente. En su desesperación por conservar y sumar seguidores, los llamados "blogueros" difunden cualquier tipo de contenido. La procedencia o la veracidad del contenido es lo de menos. El único fin es aumentar las visitas a sus sitios web.

En varias oportunidades he visto artículos poco o nada éticos en blogs. Pueden afirmar que un gran organismo mundial o alguien reconocido ha dicho algo que en realidad nunca dijo. Y las personas comparten esa información sin antes chequear la veracidad de lo que se afirma.

Hoy en día es muy simple investigar la procedencia de una información, usando el mismo Internet. Tan solo toma unos minutos y, la mayoría de las veces, si la información se ha divulgado mucho, encontraremos que el organismo o la personalidad involucrada ya ha desmentido públicamente la información.

Daré dos ejemplos. El primero es sobre el máximo representante actual de la Iglesia Católica, el papa Francisco. Por todas las redes sociales circuló la siguiente declaración, que se atribuía al papa:

"No es necesario creer en Dios para ser una buena persona. En cierta forma, la idea tradicional de Dios no está actualizada. Uno puede ser espiritual pero no religioso. No es necesario ir a la Iglesia y dar dinero. Para muchos, la naturaleza puede ser una Iglesia. Algunas de las mejores personas de la historia no creían en Dios, mientras que muchos de los peores actos se hicieron en su nombre".

Tengo que reconocer que la primera vez que vi esta declaración me emocioné. Parecía que mi dedo se movía solo para hacer clic en el ratón de mi computadora y compartir un mensaje tan trascendental en mi muro de Facebook. Pero antes de compartirla decidí hacer una pequeña investigación, y confirmar su veracidad.

No creas que este tipo de investigación requiere un gran esfuerzo intelectual. Tan solo puse en Google: *"Es verdad que el papa Francisco dijo…"* Y seguidamente el comienzo de la frase: *"No es necesario creer en Dios para ser una buena persona…"* Al instante, tenía una lista de resultados. Muchos de blogs, manejados por pseudoperiodistas que reproducían la misma información, sin citar una fuente.

Pero entre los resultados destacaba uno. Comenzaba con esta frase: *"Vaticano advierte: Cuidado con textos "dulzones" falsamente atribuidos al Papa Francisco"*. Le di clic y pude ver la fuente: el sitio oficial de prensa del Vaticano, www.news.va. En la nota, se reportaban ejemplos de falsas declaraciones atribuidas al Papa. Entre ellas, precisamente el párrafo que estaba investigando. Adicionalmente, decía: *"El sitio web informativo del Vaticano pidió a los fieles católicos no caer en confusiones por falsos mensajes atribuidos al Papa Francisco, frecuentemente difundidos en las redes sociales, como Facebook o el servicio de mensajería WhatsApp. Esos textos falsos que circulan por Internet, atribuidos al papa Francisco, generalmente no dicen en qué fecha ni en qué ocasión dijo lo que se afirma que dijo. Omiten esos datos porque, si los incluyeran, sería fácil para el lector dirigirse al sitio oficial de la Santa Sede en Internet y verificar si realmente se trata de palabras del Papa"*. Como puedes observar, no me quitó ni 10 minutos comprobar que aquella frase era falsa.

Ahora daré el segundo ejemplo que prometí. Este es un

texto más elaborado, redactado de tal forma que puede convencer a más de uno. Me lo envió hace un año un amigo de Facebook, que me pedía que se lo confirmara. El texto en cuestión decía:

"La NASA confirmó que el 21 de diciembre, al finalizar la tarde, el cielo se oscurecerá, pero las personas no tienen por qué preocuparse. Este es un fenómeno muy común e interesante llamado "noche", debido a la rotación de la tierra.

Se trata de un fenómeno natural que tiene muy expectantes a los científicos. Se da cada 26.000 años y es denominado 'eclipse galáctico'.

Pero hay otras fuentes científicas, como las de Ashley Dale, un científico de la Universidad de Bristol, Reino Unido, que ha alarmado a medio planeta con su negra predicción: Va a llegar de manera inminente, antes de acabar el año 2014, una megatormenta solar que golpeará muy duramente nuestro planeta Tierra.

Científicamente lo explican de la siguiente manera: "Al pasar nuestro sistema solar frente a la brecha oscura de la galaxia, probablemente esta brecha absorberá todos los fotones. Y al estar el Sol entre la Tierra y esta brecha oscura, evidentemente la luz del Sol no llegaría a la Tierra". En la explicación científica, indican que solo dejaría de llegar a la Tierra la luz, pues el calor sí se sentiría, lo que significa que no habrá cambios climáticos que puedan afectar la vida en la Tierra.

Por estos días, los expertos de la Administración Nacional de la Aeronáutica y del Espacio, más conocida como NASA, entrega a los miles de visitantes que a diario llegan a sus instalaciones, información detallada sobre los tres días de oscuridad que afectarían la tierra en el mes de diciembre de este año.

El objetivo es entregar una ilustración científica y evitar así que se generalicen otras teorías que pueden inducir al pánico".

Como en el ejemplo anterior, recurrí de nuevo a Google y escribí: *"Es verdad que la NASA dijo…"* Y seguidamente el comienzo del texto: *"La NASA confirmó que el 21 de diciembre, al finalizar la tarde, el cielo se oscurecerá, pero las personas no tienen por qué preocuparse".* De inmediato, Google me presentó una lista de páginas que contenían el texto. Como era de esperar, la gran mayoría no pertenecía a ningún sitio confiable. Eran blogs de baja reputación, en los que se reproducía esta noticia con el único fin de recibir visitas. Sin embargo, como tarde o temprano ocurre en estos casos, existía un sitio creíble que desmentía la noticia. Encontré un link que me llevaba al portal oficial de History Channel. Allí pude leer: *"La NASA desmiente el supuesto eclipse galáctico".* Después, pude verificarlo en el sitio oficial de la NASA.

Muchos dirán: *"Pero Daniel, que lo diga la NASA no es creíble. Ellos nos han ocultado muchas cosas antes".* Y es cierto. Pero en este caso, solo se trataba de comprobar la veracidad de un comunicado específico, falsamente atribuido.

Como puedes observar, debes tener mucho cuidado con la información que encuentras en Internet. No todo es verdad. Debes hacer uso de tu discernimiento para filtrar la información manipulada. Siempre busca la fuente original de esa información e investiga un poco más. No creas todo lo que ves en blogs o videos de Internet. No te dejes engañar por un sitio web con una imagen seria. Y te daré un truco: Si la información te lleva a la frecuencia del miedo, es probable que esté manipulada.

Muchas veces, es preferible volver a las fuentes de información más tradicionales. Me refiero a los libros. Y podemos aprovechar Internet para leerlos en formato ebook, gracias a que es más económico acceder a ellos por este medio.

Capítulo 13
Tres consejos para tener presente

R ecuerda siempre la meta final de toda reflexión: llegar a una conclusión que nos ayude a expandir nuestra conciencia. Pero solo podemos lograr dicha expansión si antes ha despertado nuestra conciencia. Si esta aún sigue dormida, se mantendrá en el mismo rango de conocimiento, sin importar por cuántas horas nos afanemos por intentar reflexionar.

El proceso de reflexión se basa fundamentalmente en responder una serie de preguntas, desde perspectivas diferentes de la cotidiana. Dichas preguntas, si están bien formuladas, van abriéndole puertas a nuestra conciencia, que puede así transitar por paisajes que le resultarán nuevos.

A continuación, te daré una serie de consejos para antes de reflexionar. Pero recuerda que son solo una guía. No tienes que atarte a ellos. No son dogmas ni reglas irrompibles. Mi misión en este libro es introducirte al maravilloso mundo de la reflexión. Después de ayudarte a dar tus primeros pasos, espero que te sientas libre de correr y desarrollar tu propio método. Pero no lo olvides nunca: El poder de la reflexión radica en la expansión de conciencia, y es esta expansión la que nos conectará con nuestra esencia. Después de que se produzca la conexión, la expansión continuará, pero ya de forma natural, sin mayor esfuerzo de nuestra parte.

1- Encontrar el tiempo

"No tengo ningún tiempo libre para ponerme a reflexionar". Es la excusa que con más frecuencia escucho. Y, en realidad, podemos reflexionar en cualquier tiempo muerto. No permitas que tu mente te controle con pensamientos limitantes, que te impidan empezar.

La excusa de la falta de tiempo también está presente en quienes hacen lo que sea a su alcance, para postergar siempre su inmersión en la práctica de la meditación. ¿Por qué ocurre esto? La razón es sencilla. Nuestro personaje sabe que su poder sobre nosotros se verá disminuido, cada vez que usemos correctamente estas dos herramientas (reflexión y meditación).

2- Conseguir el lugar

Lo ideal es estar en un lugar solo y sin distracciones, al estilo del ambiente que buscamos cuando nos proponemos meditar. "Sin distracciones" también significa evitar las interferencias de sonidos externos, como pueden ser los de la televisión, la radio o un teléfono celular, que suena o vibra cada minuto.

Pero no tomes esto como una regla. En realidad, puedes

ejercitarte en la reflexión en cualquier lugar. Por ejemplo, cuando estamos camino al trabajo, ya sea en nuestro vehículo, en un autobús o el metro. Recuerdo que pasé una temporada larga sin vehículo, cuando vivía en Miami. Para llegar a mi sitio de trabajo, tenía que viajar en metro por aproximadamente una hora. Para muchos, ese tiempo podía representar una tortura. Para mí, fue una oportunidad para reflexionar.

También puedes reflexionar minutos antes de dormir, o mientras tomas tu baño diario. Este último es un espacio que disfruto. Sobre todo, porque no existen distracciones. Es un momento de soledad. Cuando salgo del baño, ya mi hijo está acostumbrado a escucharme pronunciar alguna frase, que casi siempre empieza con estas tres palabras: "Estaba pensando que..."

3- Escribir las reflexiones

Escribir tus reflexiones es uno de los hábitos más poderosos a nuestro alcance, para interiorizar las conclusiones a las que llegamos. Pero no te asustes. No tienes que escribir un libro. Puedes hacer uso de un pequeño cuadernillo y un lápiz, y mantener una especie de diario, al estilo antiguo. O, si prefieres los ambientes digitales, abrir una cuenta en OneNote, Evernote u otro servicio similar, y hacerlo allí.

Hemos perdido el uso de los diarios, y es una lástima. Estos nos ofrecen un medio íntimo, para hablar con nosotros mismos, y muchas veces su escritura, y su lectura, nos conducen a la reflexión. Hoy en día, nos hemos dejado hechizar por las redes sociales de Internet, y a veces parece una prioridad publicar nuestra vida a los cuatro vientos.

Otra vez: Con esto, no pretendo decir que Facebook sea malo. De hecho, yo lo utilizo. Pero como todo, depende del uso y la intención que se le dé. Para mí, ha sido una excelente herramienta, que me ha ayudado a expandir la conciencia de muchas personas.

"Pero Daniel, el mundo no va a cambiar porque expandan su conciencia unos pocos que siguen tus publicaciones en Facebook". Estas palabras las pronunció una señora mayor, en una conferencia que di en la ciudad de Orlando, Florida. Y le di la razón. Todavía creo que tenía razón: Si se da un cambio a partir de esta actividad, probablemente no sea significativo a escalas globales. Pero le aclaré algo: Si todos mejoráramos el espacio en el que nos toca vivir, en poco tiempo el mundo sería otro. Así que hago mi aporte realizando lo que me dicta mi esencia.

Este consejo que te doy, el de escribir tus reflexiones, me ha sido muy útil. Yo siempre lo aplico, cuando escribo un artículo en mi blog o en mi muro de Facebook. Lo mismo, cuando le respondo a quienes me escriben en busca de un poco de luz. Y te diré un secreto: Siempre que escribo para aclarar dudas de otros, me sirve para aclararme a mí mismo.

Es un hecho que, al momento de ordenar tus ideas, y luego, cuando ves tus pensamientos escritos, te das cuenta de dónde puedes tener dudas. Por eso, incluso si solo escribes para ti mismo, te recomiendo siempre hacerlo de manera que cualquiera pueda entender lo que estás plasmando. Es un ejercicio que fortalecerá tu mente y te ofrecerá una visión más clara de ti mismo.

En este último consejo, me he referido a la escritura, y se entiende que esta se da con palabras. Pero cada cual puede elegir su medio de expresión. El arte, en general, ofrece otras vías muy útiles para plasmar los aprendizajes que vamos recogiendo a partir de nuestras reflexiones.

Mi blog:

www.lopezdemedrano.com

Facebook:

facebook.lopezdemedrano.com

Capítulo 14
¿Como formular preguntas?

Una vez leí que un ser consciente se define por su capacidad para hacerse preguntas. De eso se trata, precisamente, el ejercicio reflexivo que te propongo en este libro. Consiste en generar una serie de preguntas secuenciales. Cada una determinada por la anterior, y determinando la siguiente.

No debemos evitar hacernos preguntas que cuestionen nuestras creencias. Son estas las que más nos ayudan a expandir nuestra conciencia. ¿No dijiste ya eso antes, Daniel? Sí; pero, como es importante, lo repito.

El proceso reflexivo es un proceso de cuestionamiento. Y, si se realiza correctamente, tiene el poder de cambiar nuestras conexiones neuronales. El simple ejercicio de hacernos preguntas transcendentales y responder, desde una perspectiva fuera de nuestra zona de confort de pensamiento, puede *hackear* los programas mentales que nos mantienen prisioneros, dentro de la burbuja. Nunca olvides que la reflexión te debe llevar a una conclusión, que es la que va a expandir tu rango de conciencia actual. Definitivamente reflexionar es uno de los procesos más poderosos para expandir la conciencia.

Opinar no es reflexionar

Cuando alguien nos pregunta algo y respondemos de forma casi automática, la respuesta suele provenir directamente de nuestro sistema de creencias. Ten presente en todo momento que reaccionar no es reflexionar.

Te daré un ejemplo: Imagina que ves a un mendigo en la calle y decides comprarle un pedazo de pizza. Cuando se la llevas, él no la acepta. Te dice: "*No quiero comida. Quiero dinero para comprar cigarrillos*". Seguramente tu reacción inmediata sería rechazar su propuesta. Tal vez le dejes la comida, pero te podrías retirar pensando que no vas a costearle un vicio.

Este es un ejemplo de cómo podemos generar pensamientos automáticos, basados en creencias. Si te pido que reflexiones sobre lo sucedido, es probable que todo lo que alcances a responder provenga también de tu sistema de creencias.

Ahora bien, si practicamos el paso que te expliqué en el capítulo 2 (cambiar la perspectiva) y aplicamos lo aprendido en el capítulo 10 (la importancia de la información al reflexionar), podemos lograr una reflexión más profunda.

Me imagino que sabes que los cigarrillos contienen nicotina. Pero es menos conocido un dato que un grupo de científicos estadounidenses, de la Universidad de Yale, descubrió en 2011: La nicotina ayuda a controlar el apetito.

Así es. La nicotina estimula un sector de nuestro cerebro, llamado hipotálamo, encargado de mandar la señal de que estamos llenos.

¿Y con esto qué me quieres decir, Daniel? Y es en este momento que te invito a realizar una reflexión profunda sobre el hecho en cuestión. Lo más seguro es que el mendigo no sepa de estos estudios científicos, pero te garantizo que algo sí sabe: cuando fuma, siente menos hambre.

Si tú fueras él y tienes enfrente a alguien que no pasó de largo, como si fueras invisible, alguien que dio señales de querer ayudar, ¿no preferirías que te comprara una caja de cigarrillos, con la cual soportar el hambre por más tiempo que con un pedazo de pizza?

¿Te fijas en cómo la situación ya se ve diferente? Y solo hemos manejado una pizca de nueva información, que hemos sido capaces de comprender; por un momento, no nos hemos dejado controlar por nuestras creencias y, finalmente, hemos variado nuestra perspectiva.

¿Como hacernos preguntas al reflexionar?

Al momento de formularnos las preguntas, debemos buscar los pros y los contras del tema que vamos a abordar. Debemos explorar otras ópticas y, muy importante, nunca olvides llegar a una conclusión.

Se ha dicho que la conclusión es el punto en el que simplemente se agota nuestra capacidad para seguir pensando. No obstante, es importante siempre llegar a alguna conclusión, porque esta se convertirá en el punto de partida de futuras reflexiones, y así podremos seguir avanzando.

Dicho esto, debes tener paciencia. A veces, una reflexión puede tomar varios días, hasta que logramos arribar a esa idea que hace clic en nuestra mente. Esa idea es, a nuestro proceso de evolución, lo mismo que un campamento de descanso para un montañista. Por eso, no te sorprendas si, al llegar allí, encuentras que otros llegaron ya antes que tú. Y escribieron y hablaron sobre este paisaje que es nuevo frente a tus ojos. Más viajeros de la mente llegarán después, y se admirarán también con el descubrimiento de esta idea. Y tú continuarás tu camino.

CAPÍTULO 15
Analogías, una carta bajo la manga

Las analogías constituyen una de las herramientas que más utilizo al reflexionar o escribir, y nunca faltan en mis conferencias. Definitivamente el razonamiento analógico es valioso, y echo mano de él con frecuencia, para transmitir ideas y conceptos a otras personas, así como para sumergirme con mayor claridad en mis propias reflexiones.

La palabra 'analogía' proviene del latín *analogía*, y este procede a su vez del griego *ἀναλογία*, que significa proporción, semejanza. Se puede definir como la comparación, por parecido o similitud, que se puede establecer entre cosas diferentes.

La analogía es un recurso literario, que permite establecer relaciones de semejanza entre dos elementos, conceptos o ideas, con el fin de que el lector logre comprender una idea desde una nueva perspectiva. Su mecanismo de acción consiste en trasladar las características de un objeto o una situación conocida a otro objeto o situación, que deseamos explicar o entender.

Cuando quiero explicar una idea usando el razonamiento analógico, primero establezco una similitud de elementos y, a continuación, desarrollo un concepto que guarde semejanza con la idea que deseo transmitir.

Compartiré un ejemplo de mi podcast, una especie de programa de radio que publico en iTunes, que tiene por nombre *Expandiendo la Conciencia*. Allí, en un episodio titulado *El peligro de los portales dimensionales*, quería transmitir la idea del riesgo que supone abrir un portal dimensional. Y para lograrlo, usé un razonamiento analógico.

Primero, establecí una similitud entre un portal y la puerta de nuestra casa. Y luego, haciendo uso de un pensamiento analógico, dije: "*Mantenemos cerrada la puerta de nuestra casa, para evitar que entren personas que no deseamos. ¿No han pensado que posiblemente los portales dimensionales están cerrados por la misma razón: para que no entre algún tipo de seres a nuestra realidad?*"

Este es apenas un ejemplo de cómo puedes usar los razonamientos analógicos, al momento de comunicarte o reflexionar.

Si deseas escuchar los audios de *Expandiendo la Conciencia*, puedes encontrarlos en la siguiente dirección:

podcast.lopezdemedrano.com

Capítulo 16
Un ejemplo de ejercicio de reflexión

A lo largo de los años que llevo en la búsqueda y la práctica espiritual, he observado a infinidad de personas que se limitan a repetir y repetir, como una cotorra, lo que escuchan o han leído de otros, catalogados como "maestros espirituales". Repiten conceptos de forma automática y no se toman ni un minuto en reflexionar sobre los significados.

Reflexionar es un ejercicio mental. Si lo hacemos bien, nos lleva a transcender la visión superficial. Es un constante indagar y cuestionar, hasta llegar a la esencia del objeto, hecho o situación que motivó la reflexión.

A continuación, te daré un ejemplo de lo que practicarás más adelante en este libro. Es un diálogo interno imaginario, en el que una misma persona se pregunta y responde.

Concepto para reflexionar: "**Todos somos uno**".

Pregunta: — ¿Por qué se dice que todos somos uno?

Respuesta: — Porque todos somos seres de luz.

Pregunta: — ¿Y qué quiere decir eso de que somos seres de luz?

Respuesta: — Que todos venimos de la Luz.

Pregunta: — ¿Y qué se quiere decir con 'la Luz'?

Respuesta: — Se refiere a que venimos de La Fuente. Todos somos parte de La Fuente.

Pregunta: — ¿Y qué se entiende por La Fuente?

Respuesta: — La Fuente es Dios.

Pregunta: — ¿Eso quiere decir que todos somos parte de Dios?

Respuesta: — Correcto.

Pregunta: — Pero, si Dios es una persona, ¿cómo puedo ser parte de Él?

Respuesta: — Porque no debo verlo como una persona, sino como una gran energía.

Pregunta: — Entonces, si todos estamos hechos a imagen y semejanza de Dios, ¿eso quiere decir que también nosotros somos energía?

Respuesta: — Eso tiene sentido.

Conclusión de la Reflexión:

Si parto de la idea de que todos somos energía y, al mismo tiempo, estamos conectados a una misma Fuente, eso significa que todos formamos una gran red energética. Por eso se dice que todos somos uno.

Con este ejemplo, te quiero hacer ver el poder de la reflexión para nuestro proceso de expansión de la conciencia. Como puedes observar, después de una serie de cuestionamientos, se logró encontrar un significado para la famosa frase.

Para efectuar un buen ejercicio reflexivo, todo lo que tienes que hacer es ubicarte en ambos roles, el de quien pregunta y el de quien responde. Y recuerda: No debes evitar preguntas, solo porque cuestionen tus creencias.

Capítulo 17
Antes de comenzar los ejercicios de reflexión

A partir de la próxima sección de este libro, vas a comenzar a practicar la reflexión. Lo más seguro es que tus primeros intentos solo te lleven a proyectar tus creencias ya establecidas, en "tus" conclusiones. Pero con práctica lograrás desarrollar confianza y poder de reflexión. Entonces, empezarás a experimentar la expansión de la conciencia. Es lo que yo llamo '**Reflexión Expansiva**'.

En dicha sección, te presentaré una serie de pensamientos de mi autoría, que he seleccionado cuidadosamente para abarcar diferentes aspectos del despertar de la conciencia. Cuando termines este libro, te aseguro que tu conciencia se habrá expandido y estarás listo o lista para dar el siguiente paso: lograr la conexión con tu verdadera esencia.

¿En qué consiste el ejercicio?

Es muy simple. Primero empezarás leyendo la reflexión

detenidamente. Debes poner especial atención en su significado. A continuación, comenzarás a reflexionar sobre el contenido de la frase. Recuerda: No se trata de que leas los pensamientos y digas *"qué lindo, me gusta, estoy de acuerdo"*. Lo importante es que puedas reflexionar con profundidad.

Deberás responder en forma escrita las preguntas que te haré. Puedes hacerlo usando lápiz y papel, o en una computadora, tableta o una aplicación de notas en tu teléfono inteligente.

Las preguntas están estratégicamente diseñadas para activar en ti el poder de la reflexión. Pero ten presente que después de estos 60 ejercicios no necesitarás más de mi guía, porque habrás desarrollado la capacidad de hacerte preguntas verticales. Sin embargo, si durante el ejercicio viene a tu mente una pregunta que no esté en la lista, deberás escribirla y responderla. Esa es una buena señal de que estás logrando desarrollar el poder de la reflexión.

Cuando el tema lo amerite, te proporcionaré información adicional que deberás tener presente al momento de reflexionar. Y, después de responder la lista de preguntas, deberás escribir una conclusión final.

Cuando termines estos 60 ejercicios, vas a poder aplicar lo aprendido a cualquier información que llegue a tus manos.

Responde de forma responsable a la siguiente pregunta. Y ten presente que este es un viaje sin retorno. ¿Estás listo, o lista, para activar tu Poder de Reflexión?

Si es así, te espero en la siguiente página.

Reflexión 1

"El corazón es tu GPS interno, que te guiará por los caminos más difíciles".

EJERCICIO REFLEXIVO

- Información adicional

GPS son las siglas, en inglés, con las que se denomina al Sistema de Posicionamiento Global, el cual permite determinar la posición de un objeto, persona o vehículo, en prácticamente cualquier lugar del planeta.

Estudios científicos han demostrado que el corazón posee una gran red neuronal, que funciona como un cerebro y le permite generar pensamientos.

- Preguntas para reflexionar

Responde las siguientes preguntas de forma escrita:

1. ¿Has sentido, en algún momento, que tu corazón te guía?

2. ¿Lo sientes en la actualidad?

    2.1. ¿Por qué?

3. ¿Te consideras capaz de diferenciar cuándo te guía tu corazón, y cuándo tu mente?

Si tu respuesta es negativa:

    3.1. Escribe cuál crees que es la razón por la que no puedes diferenciarlo.

Si tu respuesta es afirmativa:

    3.2. Escribe 5 características de los pensamientos que vienen de tu corazón y 5 características de los que vienen de tu mente. Por ejemplo: "Los pensamientos que vienen de mi corazón me generan armonía". "Los pensamientos que vienen de mi mente me generan ansiedad".

4. ¿Qué crees que necesitas hacer para lograr una mejor conexión con tu corazón?

- Conclusión del ejercicio reflexivo

Redacta un pensamiento breve, de no más de 25 palabras. Usa tus propias expresiones, y plasma un aprendizaje de la reflexión de hoy.

REFLEXIÓN 2

"Nuestra mente es solo una pequeñísima parte de la Mente Universal. Por esa razón, algunas cosas son incomprensibles para nosotros".

EJERCICIO REFLEXIVO

- **Preguntas para reflexionar**

Responde las siguientes preguntas de forma escrita:

1. ¿Qué es la Mente Universal?

2. ¿Consideras que la Mente Universal es la Mente de Dios?

3. ¿Visualizas a Dios como un hombre, o como una gran energía..?

4. ¿Por qué nuestra mente es una pequeña parte de la Mente Universal?

5. ¿La Mente Universal y nuestra mente están en el mismo nivel de conciencia?

6. ¿Te has sentido conectado en algún momento a la Mente Universal?

Si tu respuesta es afirmativa:

6.1. Describe ese momento. ¿Qué sentiste?

Si tu respuesta es negativa:

6.2. ¿Cuál crees que es la causa por la que no te has sentido conectado con la Mente Universal?

- Conclusión del ejercicio reflexivo

Redacta un pensamiento breve, de no más de 25 palabras. Usa tus propias expresiones, y plasma un aprendizaje de la reflexión de hoy.

REFLEXIÓN 3

"Quien vive sin ayudar a otros seres humanos, vive una vida sin sentido".

EJERCICIO REFLEXIVO

- **Preguntas para reflexionar**

Responde las siguientes preguntas de forma escrita:

1. Ayudar al prójimo, ¿está en tu lista de prioridades?

2. ¿Cuándo fue la última vez que ayudaste a alguien?

3. ¿A cuántas personas ayudaste ayer?

4. ¿A cuántas personas ayudaste la semana pasada?

5. Cuando ayudas, ¿te importa si quien recibe tu ayuda te da, o no, las gracias?

6. Cuando ayudas a una persona, ¿esperas algo a cambio?

- **Conclusión del ejercicio reflexivo**

Redacta un pensamiento breve, de no más de 25 palabras.

Usa tus propias expresiones, y plasma un aprendizaje de la reflexión de hoy.

REFLEXIÓN 4

> "La felicidad es el estado natural del ser humano que se ve afectado cuando dejamos que las situaciones externas nos perturben".

EJERCICIO REFLEXIVO

- Información adicional

La felicidad es una elección que no depende de situaciones externas. Te invito a leer el siguiente artículo en mi blog:

link01.lopezdemedrano.com

- Preguntas para reflexionar

Responde las siguientes preguntas de forma escrita:

1. ¿Qué significa para ti ser feliz?

2. ¿Te consideras feliz en este momento?

Si tu respuesta es negativa:

> 2.1. ¿Qué te impide ser feliz en este momento?
>
> 2.2. ¿Tienes control sobre esa situación? ¿Tienes el poder para cambiarla, en este momento?

Si tu respuesta es afirmativa:

> 2.2.1. Si tienes el poder para cambiarla, ¿por qué no lo haces?

Si tu respuesta es negativa:

> 2.2.2. Si no tienes el poder, ¿por qué te preocupas?

- Conclusión del ejercicio reflexivo

Redacta un pensamiento breve, de no más de 25 palabras. Usa tus propias expresiones, y plasma un aprendizaje de la reflexión de hoy.

REFLEXIÓN 5

"Sintoniza con la energía de alta vibración que habita en tu corazón y tus pensamientos serán de una conciencia más elevada".

EJERCICIO REFLEXIVO

- Información adicional

El campo electromagnético del corazón es 5000 veces más grande que el campo electromagnético del cerebro, y puede ser detectado a varios metros de distancia.

Existe un principio universal, que dice: "Vibraciones iguales se atraen. Vibraciones diferentes se repelen".

Existe otro principio universal, que dice: "Todo en el Universo es energía, que está en constante vibración".

- Preguntas para reflexionar

Responde las siguientes preguntas de forma escrita:

1. ¿Sabes qué significa 'sintonizar'? Escribe una definición. (Si no la sabes, búscala en un diccionario).

2. ¿Crees que estás hecho de energía?

3. ¿Sabes cuál es la diferencia entre los estados sólido, líquido y gaseoso?

4. ¿Cómo te sientes vibrando hoy?

5. ¿Sabes que, si estás en vibraciones bajas, no te conectas con tu corazón?

6. ¿Sabes cómo identificar cuándo estás vibrando bajo?

7. ¿Qué tipo de pensamientos genera tu mente, cuando estás vibrando bajo?

8. Escribe una lista de 5 sentimientos que se generan en ti, cuando estás vibrando bajo.

9. Escribe una lista de 5 sentimientos que se generan en ti, cuando estás vibrando alto.

10. ¿Qué tienes que hacer para sintonizar con la energía de tu corazón?

- Conclusión del ejercicio reflexivo

Redacta un pensamiento breve, de no más de 25 palabras. Usa tus propias expresiones, y plasma un aprendizaje de la reflexión de hoy.

REFLEXIÓN 6

"Mis creencias definen mi verdad. Al cambiar mis creencias, mi verdad también cambia".

EJERCICIO REFLEXIVO

- **Información adicional**

No debes olvidar que, si hubieras nacido en otro país, si hubieras tenido otros padres o tu religión fuera otra, tu realidad sería diferente.

- **Preguntas para reflexionar**

Responde las siguientes preguntas de forma escrita:

1. ¿Tienes claro que tu realidad está definida por tus creencias?

2. Si una persona tiene creencias diferentes a las tuyas, ¿eso quiere decir que no conoce la verdad?

3. ¿Cuál sería probablemente tu religión, si hubieras nacido en la India?

4. ¿Y cuál sería probablemente tu religión, si tus padres hubieran sido musulmanes?

5. En una columna, escribe las 5 creencias que más te identifican como persona.

6. Ahora, en la columna de al lado, junto a cada una de las creencias que te definen, escribe una creencia opuesta. Por ejemplo, si escribiste "creo en Jesús", en la columna de al lado puedes escribir "soy ateo", "creo en Buda" o simplemente "no creo en Jesús".

7. Lee detenidamente las 5 creencias opuestas que escribiste y reflexiona sobre lo siguiente: Si fueras una persona definida por esas 5 creencias, ¿tu vida sería diferente de la actual?

8. ¿Estás dispuesta, o dispuesto, a transcender las creencias que te limitan e impiden que te conectes con tu verdadera esencia?

- **Conclusión del ejercicio reflexivo**

Redacta un pensamiento breve, de no más de 25 palabras. Usa tus propias expresiones, y plasma un aprendizaje de la reflexión de hoy.

REFLEXIÓN 7

"Una persona inteligente piensa desde la mente. Una persona sabia piensa desde el corazón. Una persona inteligente y sabia logra el equilibrio mente - corazón".

EJERCICIO REFLEXIVO

- **Preguntas para reflexionar**

Responde las siguientes preguntas de forma escrita:

1. Escribe con tus propias palabras la diferencia entre inteligencia y sabiduría.

2. ¿Te consideras una persona sabia o inteligente, o ambas cosas?

3. ¿Por qué?

4. Sin saber leer ni escribir, ¿puede una persona ser sabia?

5. ¿Cómo se puede lograr el equilibrio mente - corazón?

6. ¿Logras diferenciar los pensamientos que vienen de la mente y los que vienen de tu corazón?

- Conclusión del ejercicio reflexivo

Redacta un pensamiento breve, de no más de 25 palabras. Usa tus propias expresiones, y plasma un aprendizaje de la reflexión de hoy.

REFLEXIÓN 8

> "Al ayudar a otra persona desinteresadamente, nos ayudamos a nosotros mismos".

EJERCICIO REFLEXIVO

- Información adicional

Ten presente que todos estamos conectados energéticamente.

La ley universal de causa y efecto te dice, básicamente, que recibimos lo que damos a otros seres vivos.

- Preguntas para reflexionar

Responde las siguientes preguntas de forma escrita:

1. ¿Qué significa para ti la palabra 'desinteresadamente'?

2. ¿Te sientes capaz de ayudar a otro ser humano, sin esperar nada a cambio?

3. ¿Qué opinas de la siguiente frase? "Al que ayuda, Dios lo ayuda".

4. Si una persona no cree en Dios, pero ayuda desinteresadamente a otras, ¿merece que sus buenas obras sean recompensadas?

5. Cuando has ayudado a una persona desconocida, ¿has sentido la energía de agradecimiento que esa persona emana hacia ti?

- **Conclusión del ejercicio reflexivo**

Redacta un pensamiento breve, de no más de 25 palabras. Usa tus propias expresiones, y plasma un aprendizaje de la reflexión de hoy.

REFLEXIÓN 9

"El nivel de conciencia de cada persona es directamente proporcional a la vibración en la que se encuentra".

EJERCICIO REFLEXIVO

- **Información adicional**

Nuestra vibración interna determina el nivel de conciencia al que accedemos. Nuestra conciencia es como un receptor de radio. Tiene que sintonizar una frecuencia específica para recibir la señal de una estación de radio determinada.

- **Preguntas para reflexionar**

Responde las siguientes preguntas de forma escrita:

1. Si colocas el dial de tu receptor de radio en la frecuencia 89.7, ¿vas a poder escuchar la emisora que se transmite en la frecuencia 99.8?

2. ¿Qué tienes que hacer para escuchar la emisora 99.8?

3. ¿Qué tienes que hacer para sintonizar tu conciencia con pensamientos de frecuencia de vibraciones elevadas?

4. Si alguien se encuentra en una frecuencia de vibración más lenta que la tuya, ¿crees que va a estar de acuerdo con tu forma de ver la realidad?

5. Si alguien se encuentra en una frecuencia de vibración más alta que la tuya, ¿crees que vas a estar de acuerdo con su forma de ver la realidad?

6. ¿La conciencia universal vibra en alta o baja frecuencia?

7. ¿Qué debes hacer para conectarte con la conciencia universal?

- Conclusión del ejercicio reflexivo

Redacta un pensamiento breve, de no más de 25 palabras. Usa tus propias expresiones, y plasma un aprendizaje de la reflexión de hoy.

REFLEXIÓN 10

"Los problemas que se repiten una y otra vez son lecciones que no hemos aprendido. Para evitarlo, deberás primero aprender la lección".

EJERCICIO REFLEXIVO

- **Información adicional**

Se puede expandir nuestra conciencia de dos formas, por conocimiento o por sufrimiento.

Existe un principio universal que dice: "Como es arriba, es abajo".

- **Preguntas para reflexionar**

Responde las siguientes preguntas de forma escrita:

1. Cuando no pasabas una materia en la escuela

secundaria, ¿ascendías al siguiente nivel o tenías que repetir dicha materia?

2. ¿Y cuándo pasabas al otro nivel?

3. ¿Existe alguna situación en tu vida que se te repite una y otra vez?

4. ¿Crees que los culpables, o responsables de esa situación, son otras personas?

Si tu respuesta es afirmativa, reflexiona sobre lo siguiente:

4.1. ¿Quién tiene que aprender la lección? ¿Tú o las otras personas?

- Conclusión del ejercicio reflexivo

Redacta un pensamiento breve, de no más de 25 palabras. Usa tus propias expresiones, y plasma un aprendizaje de la reflexión de hoy.

REFLEXIÓN 11

> "Al despertar tu conciencia dejarán de tener sentido muchas cosas que antes parecían lógicas".

EJERCICIO REFLEXIVO

- Preguntas para reflexionar

Responde las siguientes preguntas de forma escrita:

1. ¿Qué significa para ti "despertar la conciencia"?

2. ¿Consideras que tu conciencia está despierta?

Si tu respuesta es afirmativa:

    2.1. ¿Por qué lo crees?

Si tu respuesta es negativa:

2.2. Debo decirte que el simple hecho de que te cuestiones si tienes la conciencia dormida es un indicio de que estás despertando. Si estuviera completamente dormida, no te harías esa pregunta y mucho menos comprarías este libro.

3. Escribe una lista de 5 aspectos de tu vida que cambiaron una vez que despertaste la conciencia.

- Conclusión del ejercicio reflexivo

Redacta un pensamiento breve, de no más de 25 palabras. Usa tus propias expresiones, y plasma un aprendizaje de la reflexión de hoy.

REFLEXIÓN 12

"La sabiduría universal reside en tu esencia y tu esencia reside en tu corazón. Todos los grandes maestros de la historia han conocido este secreto".

EJERCICIO REFLEXIVO

- **Información adicional**

Las corazonadas son sinónimo de intuición o presentimiento.

- **Preguntas para reflexionar**

Responde las siguientes preguntas de forma escrita:

1. ¿Qué es para ti la sabiduría?

2. ¿Cuál es la diferencia entre sabiduría e inteligencia?

3. Escribe una lista de 5 características de una persona sabia.

4. ¿Alguna vez sentiste una corazonada?

5. ¿Qué te decía esa corazonada?

6. ¿Le hiciste caso?

Si tu respuesta es afirmativa:

6.1. ¿Te trajo resultados positivos, hacerle caso?

Si tu respuesta es negativa:

6.2. ¿Te trajo resultados negativos, no hacerle caso?

- Conclusión del ejercicio reflexivo

Redacta un pensamiento breve, de no más de 25 palabras. Usa tus propias expresiones, y plasma un aprendizaje de la reflexión de hoy.

Reflexión 13

"La dualidad es una trampa creada por nuestra mente/ego para evitar nuestro despertar".

EJERCICIO REFLEXIVO

- Preguntas para reflexionar

Responde las siguientes preguntas de forma escrita:

1. Define qué significa 'dualidad'. Si no lo sabes, o no estás seguro, puedes buscar la definición en el diccionario.

Este es el link del diccionario oficial de la Real Academia de la Lengua Española:

www.rae.es

2. ¿Cuál es el concepto dual de la palabra 'alto'?

3. Si tuvieras una altura de 2 metros y ves a una persona que mide 1,70 metros, ¿considerarías que esa persona es alta o baja?

4. Si esa misma persona se pone de pie frente a un gran grupo de personas, todas de apenas 1,20 metros, ¿cambiaría tu opinión? En este nuevo contexto, ¿la considerarías alta o baja?

5. ¿Cómo es posible que una misma persona sea alta y baja al mismo tiempo?

- **Conclusión del ejercicio reflexivo**

Redacta un pensamiento breve, de no más de 25 palabras. Usa tus propias expresiones, y plasma un aprendizaje de la reflexión de hoy.

REFLEXIÓN 14

"Mientras sigas juzgando todo como bueno o malo, no lograrás que tu conciencia trascienda la dualidad".

EJERCICIO REFLEXIVO

- Preguntas para reflexionar

Responde las siguientes preguntas de forma escrita:

1. Imagina por un momento que estás retrasado para llegar al aeropuerto y debes abordar un vuelo. De repente, te encuentras con un tráfico en la autopista que no te permite avanzar a más de 5 kilómetros por hora. ¿Consideras esta situación buena o mala?

2. Siguiendo con el ejemplo anterior. Después de estar en este atasco del tráfico por más de 10 minutos, ves que un policía habilita una vía adicional, justo

frente a ti. Eres el primero en entrar. ¿Consideras esta situación buena o mala?

3. Logras llegar al aeropuerto, pero ya no te permiten abordar tu vuelo. La puerta se cerró 4 minutos antes de que llegaras. ¿Consideras esta situación buena o mala?

4. Logras que la aerolínea te consiga un puesto en el próximo vuelo, que sale en 2 horas. Durante tu espera en el aeropuerto, conoces a una persona que viajará contigo, y entablan una bella conversación. La amistad continúa por varios meses y terminan felizmente casados. Ahora dime: ¿Consideras que haber perdido tu vuelo fue algo bueno o malo?

5. ¿Qué cambió, para que algo que considerabas malo se convirtiera en bueno?

- **Conclusión del ejercicio reflexivo**

Redacta un pensamiento breve, de no más de 25 palabras. Usa tus propias expresiones, y plasma un aprendizaje de la reflexión de hoy.

REFLEXIÓN 15

"La competencia está diseñada para dividirnos. Al existir un ganador caemos en la trampa de nuestro ego y terminamos perdiendo todos".

EJERCICIO REFLEXIVO

- **Información adicional**

"Divide y vencerás". Esta frase de dudoso origen, atribuida al dictador y emperador romano Julio César, resume la estrategia con la que un grupo controla a la humanidad.

La naturaleza del ser humano es trabajar en cooperación. No en competencia.

- **Preguntas para reflexionar**

Responde las siguientes preguntas de forma escrita:

1. ¿Cómo se avanza más en una pequeña balsa, si los tripulantes reman en una misma dirección o si lo hacen en diferentes direcciones?

2. Si todos los seres humanos trabajáramos por un mismo bien común, ¿crees que lograríamos que el mundo fuera mejor?

3. ¿Qué sería más fácil para ti, enfrentarte a 100 personas que están unidas en tu contra o a 100 personas que pelean entre sí?

4. Escribe una lista de 5 aspectos de nuestra civilización que nos dividen como seres humanos, y nos hace enfrentarnos unos con otros. Por ejemplo, los deportes, o la política.

- **Conclusión del ejercicio reflexivo**

Redacta un pensamiento breve, de no más de 25 palabras. Usa tus propias expresiones, y plasma un aprendizaje de la reflexión de hoy.

Reflexión 16

> "Al dejar fluir todas las situaciones y evitar nadar contracorriente, estarás evitando el sufrimiento".

EJERCICIO REFLEXIVO

- Información adicional

Nuestro cerebro crea redes neuronales con las actitudes que repetimos, y terminamos generando químicos en nuestro cerebro, de los cuales nos hacemos adictos. Por ejemplo, nos podemos hacer adictos al sufrimiento.

- Preguntas para reflexionar

Responde las siguientes preguntas de forma escrita:

1. ¿Qué significa fluir?

2. ¿Sientes que estás fluyendo en la actualidad?

3. Escribe una lista de 5 situaciones en las que has fluido en tu vida.

4. ¿Qué significa nadar contra la corriente?

5. ¿Te gusta ir contracorriente?

Si tu respuesta es afirmativa:

> 5.1. Deberías reflexionar. Tal vez esa sea una actitud adictiva.

- Conclusión del ejercicio reflexivo

Redacta un pensamiento breve, de no más de 25 palabras. Usa tus propias expresiones, y plasma un aprendizaje de la reflexión de hoy.

Reflexión 17

> "Dios no tiene ego. Por esa razón, no necesita que lo adoremos. Eso no lo hará más grande de lo que ya es. Sólo nos pide que seamos como Él: puro amor".

EJERCICIO REFLEXIVO

- Información adicional

El ego es un yo artificial, un personaje creado por nuestra mente, basado en nuestras creencias.

La energía más pura y elevada que existe en el Universo es la energía del amor incondicional.

- Preguntas para reflexionar

Responde las siguientes preguntas de forma escrita:

1. El Dios en el que crees, ¿tiene apariencia de hombre?

2. El Dios en el que crees, ¿tiene nombre? Si así lo crees, ¿cuál es su nombre?

3. ¿Crees que es diferente a los dioses de los que hablan otras religiones?

4. ¿Crees que tu Dios es 'el verdadero'?

Si tu respuesta es afirmativa:

No olvides que, si hubieras nacido en otro país, posiblemente creerías en otro Dios.

5. ¿Por qué el Dios de otras personas no es 'el verdadero'?

6. El Dios en el que crees, ¿te pide que lo adores y alabes?

7. ¿Crees que tu Dios necesita que lo adores, para sentirse más Dios?

8. ¿No crees que esa es una actitud de los hombres?

9. ¿Manejas el concepto de Dios como una 'energía superior'?

10. ¿Por qué crees que se dice que "Dios es Amor"?

- Conclusión del ejercicio reflexivo

Redacta un pensamiento breve, de no más de 25 palabras. Usa tus propias expresiones, y plasma un aprendizaje de la reflexión de hoy.

REFLEXIÓN 18

"No te enfoques en la oscuridad de las otras personas. Enfócate en la luz que tú les puedes dar".

EJERCICIO REFLEXIVO

- Información adicional

Siempre debes enfocarte en los aspectos positivos de las personas.

- Preguntas para reflexionar

Responde las siguientes preguntas de forma escrita:

1. Escribe el nombre de un familiar o conocido, a quien consideras una persona negativa o tóxica.

2. Escribe una lista de 5 motivos por los cuales piensas que es una persona negativa.

3. Escribe una lista de 5 cosas positivas que tiene esa persona. (Completa la lista. No te dejes controlar por lo que dice tu mente).

4. A continuación, escribe una lista de 5 formas como tú puedes ayudar a esa persona, para que cambie su actitud.

- **Conclusión del ejercicio reflexivo**

Redacta un pensamiento breve, de no más de 25 palabras. Usa tus propias expresiones, y plasma un aprendizaje de la reflexión de hoy.

Reflexión 19

> "Debemos mantener nuestra luz encendida en todo momento porque nunca sabemos cuando seremos un faro que guiará a otros en su camino".

EJERCICIO REFLEXIVO

- Preguntas para reflexionar

Responde las siguientes preguntas de forma escrita:

1. ¿Te consideras una persona positiva?

2. ¿Te consideras una persona feliz?

3. ¿Das gracias todos los días por las pequeñas cosas que te ofrece la vida?

Si las respuestas a las tres preguntas anteriores fueron afirmativas, responde lo siguiente:

4. ¿Algunas veces controlas tu actitud positiva y tu felicidad, para no desencajar en tu entorno familiar, de amistad o de trabajo?

5. ¿Es común que otras personas se acerquen a ti para pedirte consejo o guía en su camino? ¿Por qué crees que ocurre eso?

6. ¿Siempre estás en disposición de ayudar a las personas que se te acercan?

- **Conclusión del ejercicio reflexivo**

Redacta un pensamiento breve, de no más de 25 palabras. Usa tus propias expresiones, y plasma un aprendizaje de la reflexión de hoy.

Reflexión 20

> "Para sintonizarte con la energía de tu corazón, debes amar todo lo que te rodea tal y como es".

EJERCICIO REFLEXIVO

- Información adicional

La energía de amor incondicional que se genera en tu corazón es una energía de alta frecuencia de vibración.

- Preguntas para reflexionar

Responde las siguientes preguntas de forma escrita:

1. Escribe una lista de 5 cosas que puedes hacer para sintonizarte con la energía de amor incondicional.

2. ¿Cuántas de esas 5 cosas hiciste hoy?

3. ¿Cuántas de esas 5 cosas hiciste la semana pasada?

4. ¿Cuántas de esas 5 cosas hiciste el mes pasado?

5. ¿Consideras que estás haciendo tu mejor esfuerzo para conectar con la energía de amor incondicional?

- **Conclusión del ejercicio reflexivo**

Redacta un pensamiento breve, de no más de 25 palabras. Usa tus propias expresiones, y plasma un aprendizaje de la reflexión de hoy.

Reflexión 21

"Usa tus dones para ayudar al prójimo incondicionalmente y así encontrarás tu misión en esta vida".

EJERCICIO REFLEXIVO

- **Preguntas para reflexionar**

Responde las siguientes preguntas de forma escrita:

1. Escribe una lista de 5 actividades que te gustan hacer y se te dan bien.

2. Por ejemplo: pintar, cocinar dulces, cuidar ancianos, etc.

3. De esa lista, elige las 2 actividades que más te gustan.

4. Ahora, entre esas dos, elige 1 que disfrutarías hacer, sin importar si te hace ganar dinero, o no.

5. Reflexiona: ¿Cómo puedes usar esa habilidad o talento, para un propósito mayor?

- **Conclusión del ejercicio reflexivo**

Redacta un pensamiento breve, de no más de 25 palabras. Usa tus propias expresiones, y plasma un aprendizaje de la reflexión de hoy.

REFLEXIÓN 22

"Mi verdad es tan válida como tu verdad. Cuando entendamos esto, el mundo será un lugar donde reine la paz, el amor y la armonía".

EJERCICIO REFLEXIVO

- **Información adicional**

En esta dimensión de la materia, existen varios niveles de realidad. Tenemos una realidad individual, que es la nuestra inmediata. La creamos todos los días, por medio de nuestras creencias, pensamientos y decisiones personales. Esta realidad nos afecta a nosotros y a nuestro entorno más cercano.

Luego tenemos una realidad como ciudad, que está creada por la suma de las creencias, pensamientos y decisiones de la mayoría de los habitantes de la urbe en la que vivimos.

Después tenemos una realidad como país, que se crea por la suma de las creencias, pensamientos y decisiones de la mayoría de los habitantes de ese país.

Y si nos vamos a un nivel más alto, llegamos a la realidad como civilización. Hoy en día, esta viene a ser la suma de creencias, pensamientos y decisiones de la gran mayoría de los habitantes de nuestro planeta.

Como puedes observar, lo que crea la gran mayoría determina la realidad común, pero solo tus creencias determinan tu verdad o realidad individual.

Debes tener presente que esta diversidad de verdades solo se da en esta dimensión, en el mundo dual. Por encima de estas verdades individuales o de grupos, existen verdades universales. Y no puedes descartar la idea de que alguna verdad individual coincida con esas verdades universales.

- **Preguntas para reflexionar**

Responde las siguientes preguntas de forma escrita:

1. ¿Todas las personas tienen la razón, dentro de su burbuja de realidad?

2. ¿Fuera de todas las realidades individuales, existen verdades universales?

- **Conclusión del ejercicio reflexivo**

Redacta un pensamiento breve, de no más de 25 palabras. Usa tus propias expresiones, y plasma un aprendizaje de la reflexión de hoy.

REFLEXIÓN 23

"La mejor forma de ayudar a alguien que sufre es buscar elevar su vibración, sin bajar la tuya".

EJERCICIO REFLEXIVO

- **Información adicional**

No se trata de ser insensible. Podemos generar un sentimiento de empatía y compasión, sin necesidad de bajar nuestra frecuencia de vibración interna.

- **Preguntas para reflexionar**

Responde las siguientes preguntas de forma escrita:

1. ¿Cómo es la frecuencia de vibración de una persona que sufre? ¿Alta o baja?

2. ¿Cómo es la frecuencia de vibración de una persona conectada a la energía del amor incondicional?

3. ¿Qué buscamos, cuando queremos ayudar a una persona que está en baja frecuencia?

4. Si nos dejamos afectar por su vibración y bajamos nuestra frecuencia, ¿la podemos ayudar?

- Comentario adicional del autor

Haré una analogía, para que quede más claro este punto. Si ves a una persona que sé esta ahogando en un río y la quieres ayudar, ¿qué le lanzas, un bloque de concreto o un salvavidas?

- Conclusión del ejercicio reflexivo

Redacta un pensamiento breve, de no más de 25 palabras. Usa tus propias expresiones, y plasma un aprendizaje de la reflexión de hoy.

REFLEXIÓN 24

"Despertarás a tu verdadera naturaleza cuando logres que tu esencia silencie a tu ego, y no lo contrario".

EJERCICIO REFLEXIVO

- Información adicional

El ruido que genera nuestro sistema de creencias limitantes no nos permite escuchar los pensamientos de nuestra esencia. Si deseas identificar de dónde viene un pensamiento determinado, es muy simple. Los pensamientos que te hacen sentir superior o separado del resto de las personas, provienen de tu ego (el personaje) y los pensamientos que te hacen sentir en unidad, provienen de tu esencia.

- Preguntas para reflexionar

Responde las siguientes preguntas de forma escrita:

1. Escribe una lista de 5 pensamientos que tuviste en los últimos 7 días, y que identificas con tu ego (tu personaje).

2. ¿A cuántos de esos 5 pensamientos les hiciste caso?

3. Escribe una lista de 5 pensamientos que tuviste en los últimos 7 días, y que identificas con tu esencia.

4. ¿A cuántos de esos 5 pensamientos les hiciste caso?

Si les hiciste más caso a los pensamientos de tu personaje, debes comenzar a hacer ejercicios para callar tu mente y tratar de escuchar más a tu esencia. Te recomiendo ejercicios de meditación.

Recomendación del autor:

Si estas interesada o interesado en aprender a meditar te recomiendo mi curso online gratuito Introducción a la Meditación. Para más información puedes entrar a este link:

meditacion.lopezdemedrano.com

- Conclusión del ejercicio reflexivo

Redacta un pensamiento breve, de no más de 25 palabras. Usa tus propias expresiones, y plasma un aprendizaje de la reflexión de hoy.

REFLEXIÓN 25

"Si logramos que nuestros pensamientos diarios se generen desde el corazón estaremos emanando una energía electromagnética tan poderosa que solo vamos a atraer cosas buenas a nuestra vida".

EJERCICIO REFLEXIVO

- Información adicional

Estudios científicos han demostrado que el corazón funciona como un cerebro y contiene un sistema nervioso independiente, bien desarrollado, con más de 40.000 neuronas y una compleja red de neurotransmisores.

- Preguntas para reflexionar

Responde las siguientes preguntas de forma escrita:

1. ¿Sabías que el corazón no solo es un músculo que bombea sangre, y que también funciona como un cerebro y genera pensamientos?

2. ¿Qué tipo de emociones o sentimientos nos conectan al cerebro del corazón? ¿Aquellos de baja frecuencia o los de alta frecuencia de vibración?

3. Escribe una lista de 5 emociones o sentimientos que te desconectan del cerebro del corazón. Por ejemplo, el odio.

4. Escribe una lista de 5 emociones o sentimientos que te conectan al cerebro del corazón. Por ejemplo, el agradecimiento.

5. Cuando tu corazón genera un campo electromagnético de alta vibración, ¿qué tipo de situaciones se presentan en tu vida? ¿Positivas o negativas?

- **Conclusión del ejercicio reflexivo**

Redacta un pensamiento breve, de no más de 25 palabras. Usa tus propias expresiones, y plasma un aprendizaje de la reflexión de hoy.

Reflexión 26

> "Lo que nosotros llamamos 'problemas' en realidad son lecciones, y a los que llamamos 'enemigos' son los profesores que vienen a enseñarnos".

EJERCICIO REFLEXIVO

- Preguntas para reflexionar

Responde las siguientes preguntas de forma escrita:

1. Escribe una lista de 5 situaciones que identificas como problemas que has enfrentado, en la actualidad o el pasado.

2. Ahora reflexiona y escribe, debajo de cada una de esas situaciones, qué lección sientes que debes aprender o aprendiste con cada una. (Es importante que evites identificarte con el personaje de víctima).

3. Escribe una lista de 5 personas que consideras enemigos, en la actualidad o el pasado.

4. Reflexiona y escribe, debajo de cada nombre, la lección que debes aprender o aprendiste con cada una de esas personas. (Es importante que evites en esta respuesta los pensamientos de separación, que se suelen expresar con frases como "aprendí a no confiar en los hombres" o "aprendí que las personas son malas". Estas respuestas no son válidas en este ejercicio).

- **Conclusión del ejercicio reflexivo**

Redacta un pensamiento breve, de no más de 25 palabras. Usa tus propias expresiones, y plasma un aprendizaje de la reflexión de hoy.

REFLEXIÓN 27

"Las creencias limitantes nos alejan de nuestro verdadero poder interno".

EJERCICIO REFLEXIVO

- **Preguntas para reflexionar**

Responde las siguientes preguntas de forma escrita:

1. Escribe una lista de 5 creencias que consideras que te limitan y no te dejan expandir tu conciencia.

2. A continuación, asígnale a cada una un número, entre el 1 y 10, según como sientas que te afecta en tu vida (donde 1 es la que más te afecta y 10 la que menos).

3. Hazte consciente de que son creencias. No realidades absolutas.

4. A continuación, escribe una nueva creencia positiva, para cada una de las creencias anteriores. Por ejemplo, si escribiste "siempre todo me sale mal". Ahora lo cambias por "todo lo que hago me sale bien".

5. A continuación, escribe los pasos que darás para lograr superar las creencias limitantes que se encuentran en los primeros 3 puestos. Si lo deseas, puedes extender esta lista hasta los primeros 5 puestos.

- Conclusión del ejercicio reflexivo

Redacta un pensamiento breve, de no más de 25 palabras. Usa tus propias expresiones, y plasma un aprendizaje de la reflexión de hoy.

Reflexión 28

> "Si quieres que tu realidad cambie, primero tienes que cambiar la forma como ves la realidad".

EJERCICIO REFLEXIVO

- Información adicional

La realidad es una ilusión que cada persona descodifica a través de sus patrones mentales. Es decir, a través de sus creencias.

Tu realidad inmediata es el reflejo de tu mundo interior.

Tú eres el único que decide si tu entorno afecta tu mundo interior.

- Preguntas para reflexionar

Responde las siguientes preguntas de forma escrita:

1. ¿Consideras que tu realidad inmediata está en armonía?

Si tu respuesta es afirmativa, reflexiona sobre lo siguiente:

1.1. ¿También tu mundo interior está en armonía?

Si tu respuesta es negativa, reflexiona sobre lo siguiente:

1.2. ¿Tampoco tu mundo interior está en armonía?

2. Usa 5 diferentes palabras para completar la siguiente frase:

Mi realidad inmediata es (o está) _____

Por ejemplo: "Mi realidad inmediata es <u>violenta</u>"

3. Ahora, de estas cinco palabras, elige aquellas que deseas cambiar.

4. A continuación, para cada palabra que quieras cambiar, escribe una contraria.

Por ejemplo, si elegiste 'violenta', la puedes sustituir por 'armónica'.

5. Finalmente, cierra los ojos, respira calladamente y visualiza una realidad que represente esas nuevas palabras.

- Conclusión del ejercicio reflexivo

Redacta un pensamiento breve, de no más de 25 palabras. Usa tus propias expresiones, y plasma un aprendizaje de la reflexión de hoy.

REFLEXIÓN 29

"El karma es como el balance de una cuenta bancaria. El secreto está en mantenernos siempre en números positivos".

EJERCICIO REFLEXIVO

- **Información adicional**

Las buenas obras son el equivalente de un depósito en tu cuenta kármica

Hacer algo que desequilibre la energía del Amor equivale a realizar un retiro de la cuenta.

- **Preguntas para reflexionar**

Responde las siguientes preguntas de forma escrita:

1. ¿Qué significa que tu cuenta de banco esté en números positivos?

2. ¿Qué significa que tu cuenta de banco esté en números negativos?

3. Cuando tu cuenta de banco está en números negativos (es decir, cuando debes más dinero del que tienes depositado), ¿qué tienes que hacer para que pase a números positivos?

4. Si tu cuenta kármica está en números positivos y realizas un pequeño acto, que desequilibre la energía del Amor incondicional, ¿tendrías que compensar tus actos, o la diferencia se pagaría de tu saldo a favor?

5. ¿Qué pasa cuando tu cuenta kármica llega a cero?

6. ¿Cómo aumentas el saldo de tu cuenta kármica?

- Comentario adicional del autor

En mi próximo libro voy a compartir contigo una reflexión más profunda sobre el karma.

- Conclusión del ejercicio reflexivo

Redacta un pensamiento breve, de no más de 25 palabras. Usa tus propias expresiones, y plasma un aprendizaje de la reflexión de hoy.

REFLEXIÓN 30

"En un futuro cercano no tendremos que ponernos etiquetas porque lo que hoy se conoce como veganismo será la actitud de todos los seres humanos".

EJERCICIO REFLEXIVO

- **Información adicional**

El veganismo es un estilo de vida basado en el respeto hacia los animales. Los veganos no usan ni consumen productos de origen animal.

La mayoría de los animales que se crían para satisfacer la demanda de carne, leche y huevos provienen de explotaciones intensivas donde no se respetan sus necesidades más básicas ni sus derechos como seres vivos, sufren mutilaciones y malos tratos, y los mantienen en unas condiciones deplorables de hacinamiento total para obtener de ellos el máximo rendimiento posible.

El veganismo también implica no colaborar con el encierro, explotación, comercialización o la matanza de animales: circos, zoológicos, acuarios, compra-venta de animales, caza, etc.

Si deseas ampliar este tema, te recomiendo ver en YouTube el video de mi conferencia titulada *La frecuencia de vibración de los alimentos.*

link03.lopezdemedrano.com

- Frases célebres

"Una dieta vegetariana nos proporciona energía pacífica y amorosa, y no solo a nuestro cuerpo; sino, sobre todo, a nuestro espíritu". - Pitágoras

- Preguntas para reflexionar

Responde las siguientes preguntas de forma escrita:

1. ¿Consideras justo el trato que le dan a los animales en la industria alimenticia?

2. ¿Por qué cuando comes carne no piensas en el animal que asesinaron para satisfacer tu paladar?

3. ¿Estarías de acuerdo que otra persona mate tu mascota para alimentarse?

   3.1. ¿Tu te la comerías?

Si tu respuesta es negativa:

   3.2. Escribe una lista de 5 razones por las que no te la comerías.

3.3. ¿Cuantas de esas 5 razones se le pueden aplicar al resto de los animales?

4. ¿Sabías que las vacas, cerdos, pollos y gallinas sienten el dolor al igual que las mascotas?

5. ¿Sabías que un cerdo tiene el coeficiente intelectual de un niño de 3 años y son excelentes mascotas?

- **Conclusión del ejercicio reflexivo**

Redacta un pensamiento breve, de no más de 25 palabras. Usa tus propias expresiones, y plasma un aprendizaje de la reflexión de hoy.

REFLEXIÓN 31

"Si permites que el miedo invada tu mente
serás presa fácil de la manipulación".

EJERCICIO REFLEXIVO

- **Información adicional**

La élite que ha controlado a la humanidad por siglos sabe
muy bien que la mejor arma de control es el miedo.

Muchas religiones se basan en el miedo para lograr que sus
seguidores hagan lo que sus jerarcas quieren que hagan.

- **Preguntas para reflexionar**

Responde las siguientes preguntas de forma escrita:

1. ¿Vives con miedo?

2. ¿Miedo a quién, o a qué?

3. ¿Sabes cuál es el origen de ese miedo? Si desconoces el origen, reflexiona sobre cuál puede ser la causa.

4. ¿Algún aspecto de la religión en la que crees te genera miedo? Por ejemplo, la idea de un infierno.

Nunca olvides que al sentir miedo somos manipulables.

5. ¿Dónde crees que se genera el miedo, en la mente o en tu corazón?

6. Con lo que has aprendido hasta ahora en este libro, ¿cómo crees que puedes transcender el miedo?

7. ¿Sufres de un miedo generado por los medios de comunicación?

Si tu respuesta es afirmativa:

7.1. ¿Cuál crees que es la mejor solución?

- Conclusión del ejercicio reflexivo

Redacta un pensamiento breve, de no más de 25 palabras. Usa tus propias expresiones, y plasma un aprendizaje de la reflexión de hoy.

REFLEXIÓN 32

"Cuando logres ver a Dios en el mendigo de la esquina estarás despertando a tu verdadera esencia".

EJERCICIO REFLEXIVO

- **Preguntas para reflexionar**

Responde las siguientes preguntas de forma escrita:

1. Escribe una lista de 5 características que vez en un mendigo.

Ahora reflexiona sobre lo siguiente:

2. ¿Esas ideas se generaron en tu corazón o en tu sistema de creencias?

3. ¿Puedes ver a Dios en los ojos de un mendigo?

4. ¿Cuándo fue la última vez que te acercaste y ayudaste a un mendigo?

- Conclusión del ejercicio reflexivo

Redacta un pensamiento breve, de no más de 25 palabras. Usa tus propias expresiones, y plasma un aprendizaje de la reflexión de hoy.

REFLEXIÓN 33

"Evolucionar espiritualmente no es un camino hacia arriba; en realidad, es un camino hacia dentro".

EJERCICIO REFLEXIVO

- Preguntas para reflexionar

Responde las siguientes preguntas de forma escrita:

1. ¿Qué significa para ti evolucionar espiritualmente?

2. Cuando comienzas el camino hacia tu interior, ¿cuál es la meta final?

3. Escribe una lista de 5 acciones que consideras espirituales. (Por ejemplo, ayudar a una viejita a cruzar la calle)

4. ¿Cuántas de esas 5 acciones realizaste la semana pasada?

5. ¿Cuántas de esas 5 acciones realizaste el mes pasado?

- **Conclusión del ejercicio reflexivo**

Redacta un pensamiento breve, de no más de 25 palabras. Usa tus propias expresiones, y plasma un aprendizaje de la reflexión de hoy.

REFLEXIÓN 34

"No gastes tu energía evitando que otros creen el mundo que no quieres. La sabiduría está en usar tu energía para crear el mundo que sí quieres".

EJERCICIO REFLEXIVO

- Información adicional

Donde ponemos nuestra atención, va nuestra energía. Si nos enfocamos en las situaciones que no deseamos o rechazamos, terminamos haciendo que crezcan y se manifiesten en nuestra realidad.

- Frases célebres

"No me inviten a una marcha contra la guerra. Invítenme a una marcha a favor de la paz, y seré la primera en asistir". - Madre Teresa de Calcuta.

- Preguntas para reflexionar

Responde las siguientes preguntas de forma escrita:

1. ¿Qué es lo que más te molesta del país donde vives, o del mundo, en general?

2. Cuando estás con tus amigos o familiares, ¿hablas de tu posición en contra de esa situación?

3. ¿Tienes claro que entre más tiempo dediques a hablar sobre ese tema, más energía le das?

4. ¿Cuál sería el pensamiento correcto que refleje lo contrario a esa situación que te molesta? Por ejemplo, si la situación que te molesta es la guerra, el pensamiento contrario sería la paz.

5. ¿Te crees capaz de evitar pensar y hablar de lo que NO quieres, y comenzar a pensar y hablar de lo que SÍ quieres?

- Conclusión del ejercicio reflexivo

Redacta un pensamiento breve, de no más de 25 palabras. Usa tus propias expresiones, y plasma un aprendizaje de la reflexión de hoy.

REFLEXIÓN 35

"Deja de preguntarle a Dios por qué no hace nada para cambiar este mundo. Él ya lo hizo. Te creo a ti".

EJERCICIO REFLEXIVO

- **Frases célebres**

"Tú eres el cambio que quieres ver en el mundo. Si quieres cambiar el mundo, cámbiate a ti mismo". - Gandhi.

"Mucha gente pequeña en lugares pequeños, haciendo cosas pequeñas, puede cambiar el mundo". - Eduardo Galeano.

- **Preguntas para reflexionar**

Responde las siguientes preguntas de forma escrita:

1. ¿Sientes que el mundo actual debe cambiar?

2. ¿Te has preguntado por qué Dios permite que el mal exista en el mundo?

3. ¿Te ves a ti mismo, o a ti misma, como un instrumento por medio del cual Dios actúa?

4. Escribe una lista de 5 cosas que puedes hacer para lograr que este mundo sea un sitio mejor. (Lo ideal para este ejercicio es que te enfoques en tu entorno inmediato, como puede ser tu barrio o tu ciudad).

5. ¿Cuántas de esas 5 cosas ya estás haciendo?

6. ¿Cuántas de esas 5 cosas estás dispuesto(a) a comenzar a hacer en los próximos 7 días?

7. ¿Cuántas de esas 5 cosas estás dispuesto(a) a comenzar a hacer en los próximos 30 días?

- **Comentario adicional del autor**

Debemos pasar de una actitud de observador a formar parte del cambio.

- **Conclusión del ejercicio reflexivo**

Redacta un pensamiento breve, de no más de 25 palabras. Usa tus propias expresiones, y plasma un aprendizaje de la reflexión de hoy.

REFLEXIÓN 36

"Para comenzar tu viaje hacia una conciencia superior lo primero que debes hacer es liberarte de las cargas que no te permiten avanzar. Y la carga más pesada es el rencor".

EJERCICIO REFLEXIVO

- Información adicional

Te recomiendo leer el siguiente artículo en mi blog:

link02.lopezdemedrano.com

- Preguntas para reflexionar

Responde las siguientes preguntas de forma escrita:

1. ¿Tú eres tu esencia o el personaje que ha creado tu mente?

2. Cuando alguien dice algo en tu contra, ¿ofende al personaje o a tu esencia?

3. ¿El rencor está formado por energías que vibran en alta o baja frecuencia?

4. ¿Tu esencia está vibrando en alta o baja frecuencia?

5. Un pensamiento, emoción o sentimiento que vibre en baja frecuencia, ¿es compatible con pensamientos, emociones o sentimientos que vibren en alta frecuencia?

- Recomendación del autor

Si deseas ampliar este tema, te recomiendo mi curso *Programa tu Mente* para Pensar en Positivo. Donde te enseño a superar el rencor.

Y como cortesía por haber comprado este libro usa el cupón "*PDR10*" al momento de ordenarlo y te ahorrarás US$10.

www.programatumente.com

- Conclusión del ejercicio reflexivo

Redacta un pensamiento breve, de no más de 25 palabras. Usa tus propias expresiones, y plasma un aprendizaje de la reflexión de hoy.

REFLEXIÓN 37

"Podemos expandir la conciencia de dos formas: por sufrimiento o por conocimiento. Pero no olvides que siempre tienes la libertad de elegir qué camino seguir".

EJERCICIO REFLEXIVO

- **Información adicional**

Cuando reflexionamos, aprendemos más rápido cómo funciona el Universo.

- **Preguntas para reflexionar**

Responde las siguientes preguntas de forma escrita:

1. ¿Por qué se nos presentan situaciones de sufrimiento en la vida?

2. Escribe un evento o situación del pasado que te haya hecho sufrir mucho.

3. En la actualidad ¿sientes que aprendiste algo de esa situación?

4. ¿Qué aprendiste?

5. ¿Por qué otras personas llegaron a la misma conclusión que tú, sin pasar por la experiencia del sufrimiento?

6. Escribe una lista de 5 cosas que has aprendido en esta existencia.

7. Escribe una lista de 5 cosas que consideras que vinieron contigo, desde que naciste, que no necesitaste aprender de situaciones de sufrimiento.

Por ejemplo: "Yo nunca sentí envidia por las cosas que tenían las otras personas. Por esa razón, nunca se me presentó una situación de sufrimiento para aprender algo que ya sabía".

- Conclusión del ejercicio reflexivo

Redacta un pensamiento breve, de no más de 25 palabras. Usa tus propias expresiones, y plasma un aprendizaje de la reflexión de hoy.

REFLEXIÓN 38

"La fe ciega solo genera ciegos espirituales".

EJERCICIO REFLEXIVO

- **Información adicional**

Los dogmas son un conjunto fundamental de creencias que definen una determinada religión, y la distinguen de otras religiones. Por lo tanto, los dogmas no son ideas sujetas al cambio ni al consenso.

Un dogma de fe consiste en creer algo, a pesar de que no lo entiendes o no estás de acuerdo. No admite cuestionamiento.

Cada religión tiene sus dogmas o pilares fundamentales. En algunas oportunidades, se contradicen entre una religión y otra.

- **Preguntas para reflexionar**

Responde las siguientes preguntas de forma escrita:

1. ¿Entiendes qué son los dogmas de fe?

Escribe los 5 dogmas fundamentales de tu religión. (Si no los conoces con exactitud, búscalos en Internet. Por ejemplo, si tu religión es la católica, coloca en Google: "cuáles son los dogmas de la iglesia católica").

2. ¿Crees en un Dios que ama a todos sus hijos?

3. ¿Crees en un Dios justo?

4. Entonces, ¿tiene sentido para ti que Dios salve solo a quienes pertenecen a tu religión? ¿Eso sería justo?

5. Reflexiona sobre lo siguiente: Si ya tienes claro que tus creencias religiosas están determinadas por las situaciones en las que naciste (país, familia), ¿sería justo que no se salven quienes creen en religiones diferentes de la tuya?

6. ¿Estás de acuerdo con que la verdadera espiritualidad trasciende los dogmas de fe?

- **Conclusión del ejercicio reflexivo**

Redacta un pensamiento breve, de no más de 25 palabras. Usa tus propias expresiones, y plasma un aprendizaje de la reflexión de hoy.

REFLEXIÓN 39

"El mejor maestro espiritual que puedes seguir está dentro de ti. Sólo debes elevar tu frecuencia de vibración, para poder contactarlo".

EJERCICIO REFLEXIVO

- **Preguntas para reflexionar**

Responde las siguientes preguntas de forma escrita:

1. ¿Dónde habita tu maestro interior?

2. ¿Por qué tienes que elevar tu frecuencia de vibración para contactar a tu maestro interior?

3. Escribe una lista de 5 cosas que puedes hacer en este mismo momento, para elevar tu frecuencia de vibración. Deben ser 5 cosas para las que no necesites ningún objeto material.

4. ¿Por qué nuestro maestro interior es el mejor maestro?

5. Si entiendes que el mejor maestro está en tu interior, ¿por qué sigues buscando fuera lo que ya tienes dentro?

- **Conclusión del ejercicio reflexivo**

Redacta un pensamiento breve, de no más de 25 palabras. Usa tus propias expresiones, y plasma un aprendizaje de la reflexión de hoy.

REFLEXIÓN 40

"Para poder crear un mundo de paz, amor y armonía, primero tenemos que darnos cuenta de que todos tenemos la razón y, al mismo tiempo, estamos equivocados".

EJERCICIO REFLEXIVO

- Información adicional

Recuerda las analogías de que todos vivimos en una burbuja de realidad y que vemos el mundo según el color de las gafas que usamos.

Nunca olvides que sobre las realidades individuales existe una realidad creada por verdades universales.

- Preguntas para reflexionar

Responde las siguientes preguntas de forma escrita:

1. Usa una misma palabra, para completar las siguientes tres frases:

- Tenemos la razón según nuestro sistema de _____.

- Estamos equivocados según el sistema de _____ de las otras personas.

- El mundo de paz, amor y armonía se logra cuando transcendemos nuestras _____ limitantes.

2. ¿Tiene sentido discutir o intentar cambiar la forma como ven el mundo las personas que tienen perspectivas de la vida diferentes de la nuestra?

3. Escribe una lista de 5 creencias que te hacen sentir separado(a) de otros seres humanos.

4. Escribe una lista de 5 creencias que te hacen sentir unido a los otros seres humanos.

- **Conclusión del ejercicio reflexivo**

Redacta un pensamiento breve, de no más de 25 palabras. Usa tus propias expresiones, y plasma un aprendizaje de la reflexión de hoy.

REFLEXIÓN 41

"En realidad, todos somos seres de luz, lo que sucede es que algunos se han desconectado de la fuente de la Energía Universal".

EJERCICIO REFLEXIVO

- Preguntas para reflexionar

Responde las siguientes preguntas de forma escrita:

1. Escribe una lista de 5 acciones que te conectan con la fuente.

2. ¿Cuántas de esas 5 acciones realizaste hoy?

3. ¿Cuántas de esas 5 acciones realizaste la semana pasada?

4. ¿Cuántas de esas 5 acciones realizaste el mes pasado?

5. Escribe una lista de 5 acciones que te desconectan de la fuente.

6. ¿Desde dónde está pensando un asesino, cuando actúa contra la energía del amor? ¿Desde la mente o desde el corazón?

7. ¿Qué le impide a un asesino pensar desde el corazón?

8. ¿Entiendes que un asesino es, en esencia, igual que tú?

9. Completa las siguientes frases:

- Cuando pensamos desde el _____ estamos conectados a la fuente de energía Universal.

- Cuando pensamos desde la _____ estamos desconectados de la fuente energía Universal.

- Conclusión del ejercicio reflexivo

Redacta un pensamiento breve, de no más de 25 palabras. Usa tus propias expresiones, y plasma un aprendizaje de la reflexión de hoy.

Reflexión 42

> "Cuando nos alimentamos, no solo ingerimos la parte física de los alimentos, también nos alimentamos de su frecuencia de vibración".

EJERCICIO REFLEXIVO

- Información adicional

Todo en el Universo es energía en constante vibración.

Existen básicamente dos tipos de energía: de alta frecuencia de vibración (Amor) y de baja frecuencia de vibración (miedo).

Nuestra esencia verdadera es el Amor.

- Preguntas para reflexionar

Responde las siguientes preguntas de forma escrita:

1. Los animales, al igual que los seres humanos, tienen la capacidad de sentir la frecuencia de vibración de los lugares físicos. ¿Qué frecuencia de vibración pueden sentir al entrar a un matadero?

2. Cuando un animal sabe que será sacrificado en un matadero, ¿qué sentimiento lo invade? ¿Amor o miedo?

3. ¿Qué frecuencia de vibración puede tener la carne de un animal que sintió miedo antes de ser asesinado por la industria alimenticia? ¿Alta o baja?

4. ¿Qué tipo de vibración recibe la persona que consume esa carne? ¿Amor o miedo?

5. ¿Entiendes que, al comer carne animal, estamos consumiendo energéticamente miedo?

6. Si nuestra esencia es el Amor, cuando consumimos miedo, ¿nos estamos conectando o desconectando de nuestra esencia?

- Recomendación del autor

Si deseas ampliar este tema, te recomiendo ver en mi canal de YouTube el video de mi conferencia titulada *La frecuencia de vibración de los alimentos.*

link03.lopezdemedrano.com

- Conclusión del ejercicio reflexivo

Redacta un pensamiento breve, de no más de 25 palabras. Usa tus propias expresiones, y plasma un aprendizaje de la reflexión de hoy.

REFLEXIÓN 43

"Cuando dejes de creer que Dios es un señor de barbas blancas que te vigila todo el día para castigarte, descubrirás que en realidad Dios es puro Amor".

EJERCICIO REFLEXIVO

- Información adicional

Un paso importante en nuestro proceso de despertar y lograr la conexión con nuestra esencia es transcender la creencia limitante de un Dios creado a imagen y semejanza de los hombres. En pocas palabras, dejar de ver a Dios como un hombre, dejar de ver a un Dios que castiga, que se molesta, que nos vigila, que pide que lo adoremos. Todas esas son características humanas, que los seres humanos le hemos atribuido a la imagen de un Dios creada por nosotros mismos. Tenemos que superar los sistemas de creencias de las religiones, si queremos ser libres.

- Preguntas para reflexionar

Responde las siguientes preguntas de forma escrita. No basándote en tu sistema de creencias, de forma automática. Reflexiona detenidamente sobre cada una:

1. ¿Crees que Dios es amor?

2. ¿Crees que Dios nos ama?

3. ¿Eres capaz de matar a alguien a quien amas?

4. ¿Consideras que el Dios del Antiguo Testamento, el que mató a miles de personas con el Gran Diluvio Universal, y a muchas otras en Sodoma y Gomorra, aquel que asesinó a familias enteras en Israel, es un Dios de Amor?

5. Jesús decía que su padre era puro amor. ¿Tiene sentido para ti creer que se refería al Dios del Antiguo Testamento?

6. Si el Dios del que habla el Antiguo Testamento no es el Padre al que se refería Jesús, ¿quién o qué es ese Dios de la primera parte de la Biblia?

- Conclusión del ejercicio reflexivo

Redacta un pensamiento breve, de no más de 25 palabras. Usa tus propias expresiones, y plasma un aprendizaje de la reflexión de hoy.

REFLEXIÓN 44

"No te preocupes por lo que no hacen los otros. Preocúpate por lo que no estás haciendo tú".

EJERCICIO REFLEXIVO

- **Preguntas para reflexionar**

Responde las siguientes preguntas de forma escrita:

1. Escribe una lista de 5 cosas que no te gustan de este mundo.

2. Escribe una lista de 5 cosas que no te gustan de tu país.

3. Escribe una lista de 5 cosas que no te gustan de tu ciudad.

4. Escribe una lista de 5 cosas que no te gustan de tu vecindario.

5. Ahora, en cada una de las cuatro listas anteriores, subraya una de las 5 cosas que escribiste. Elige y subraya aquella que más te afecta.

6. Escribe qué has hecho o estás haciendo para que cada una de esas 4 cosas que subrayaste deje de afectar a otras personas.

- Comentario adicional del autor:

Si no has hecho nada, te recomiendo que comiences a hacer algo para solucionar la que tienes más cerca. Es decir, la de tu vecindario. De esa forma se te hará más fácil. Luego, la de tu ciudad, y poco a poco podrás ir ampliando tu rango de acción.

Posiblemente tu mente te pregunte: "¿Y cómo puedo ayudar a arreglar algo a nivel mundial?" La solución puede ser usando Internet.

- Conclusión del ejercicio reflexivo

Redacta un pensamiento breve, de no más de 25 palabras. Usa tus propias expresiones, y plasma un aprendizaje de la reflexión de hoy.

REFLEXIÓN 45

"Realizando todos los días un pequeño acto de amor hacia nuestros semejantes lograremos elevar nuestra vibración y la del Planeta".

EJERCICIO REFLEXIVO

- Información adicional

Diversos estudios científicos nos demuestran que existe una especie de mente colectiva, para cada una de las especies de este planeta. En esta mente colectiva se almacena toda la información que haya colaborado en la evolución de esa especie. Esta información es transmitida a los miembros de esa misma especie que existen actualmente o que existirán en el futuro.

Se entiende por 'masa crítica' la cantidad mínima necesaria (por ejemplo, de seres) para que un fenómeno concreto tenga lugar. Así, el fenómeno adquiere una dinámica propia, que le permite sostenerse y crecer.

- **Preguntas para reflexionar**

Responde las siguientes preguntas de forma escrita:

1. Escribe una lista de 5 actos de amor hacia tus semejantes, que consideras que son fáciles de realizar. Por ejemplo, sonreír a quienes se cruzan en tu camino.

2. ¿Cuántos de esos actos de amor realizaste la semana pasada?

3. ¿Cuántos de esos actos de amor realizaste el mes pasado?

4. ¿Estás dispuesto a hacer un compromiso diario para realizar por lo menos un acto de amor de esa lista, todos los días?

5. ¿Por qué elevamos nuestra frecuencia de vibración interna, al hacer actos de amor?

6. Usa una misma palabra para rellenar los dos espacios en blanco y completar la siguiente frase:

Cuando realizo un acto de _____ por otro ser humano, esa información se almacena en la mente colectiva, y luego puede motivar a otro ser humano a realizar el mismo acto de _____.

- **Conclusión del ejercicio reflexivo**

Redacta un pensamiento breve, de no más de 25 palabras. Usa tus propias expresiones, y plasma un aprendizaje de la reflexión de hoy.

REFLEXIÓN 46

"Debemos amar nuestros problemas, gracias a ellos logramos que nuestra conciencia se expanda".

EJERCICIO REFLEXIVO

- **Información adicional**

Lo que llamamos 'problemas', en realidad, son lecciones que debemos aprender.

Cuando enfrentamos un problema y nos preguntamos "por qué me paso esto a mí", nos estamos identificando con el papel de víctima. En cambio, si nos preguntamos" "para qué me pasó esto", nos abrimos a buscar lo que tenemos que aprender de esa situación.

- **Preguntas para reflexionar**

Responde las siguientes preguntas de forma escrita:

1. Responde la siguiente pregunta con sinceridad: Cuando te enfrentas a un "problema", ¿cuál de las siguientes dos preguntas te haces con mayor frecuencia?

   Opción a: ¿Por qué me pasó esto a mí?

   Opción b: ¿Para qué me pasó esto?

2. Piensa en cuántos "problemas", que enfrentaste en el pasado, hoy consideras que fueron lo mejor que te pudo pasar.

3. A partir de hoy, ¿estás dispuesto o dispuesta a ver a los problemas como oportunidades de crecimiento personal?

- Conclusión del ejercicio reflexivo

Redacta un pensamiento breve, de no más de 25 palabras. Usa tus propias expresiones, y plasma un aprendizaje de la reflexión de hoy.

REFLEXIÓN 47

"Cuando logres la paz y la armonía dentro de ti podrás cambiar tu realidad inmediata y estarás listo para ayudar a cambiar el mundo".

EJERCICIO REFLEXIVO

- **Preguntas para reflexionar**

Responde las siguientes preguntas de forma escrita:

1. Los días en los que sientes preocupación y estás de mal humor, ¿te has dado cuenta de que todo parece ponerse de acuerdo para hacerte sentir aun peor?

2. Por otro lado, en los días en los que te sientes en paz y armonía, y estás de buen humor, ¿te has dado cuenta de que todo parece ponerse de acuerdo para hacerte sentir mejor de lo que ya estás?

3. ¿Te das cuenta de que tu realidad inmediata está determinada por cómo te sientes internamente?

4. ¿Te das cuenta de que, según cómo te sientas internamente, proyectarás sentimientos y emociones al exterior? ¿Y de que estos sentimientos y emociones regresarán, transformados en eventos y situaciones, acordes con la vibración en la que te encuentras?

5. ¿Cuándo te sientes más dispuesta o dispuesto a ayudar a otras personas, cuando te sientes internamente bien o cuando te sientes mal?

6. ¿Ahora comprendes que, para poder ayudar a cambiar el mundo, primero tenemos que lograr la paz y la armonía interna?

7. Escribe una lista de 5 emociones o sentimientos que te hacen sentir en paz y armonía interior.

8. Escribe una lista de 5 emociones o sentimientos que te hacen sentir en desarmonía, sin paz interior.

- **Conclusión del ejercicio reflexivo**

Redacta un pensamiento breve, de no más de 25 palabras. Usa tus propias expresiones, y plasma un aprendizaje de la reflexión de hoy.

Reflexión 48

> "Mientras sigas comiendo carne animal, te estarás alimentando de la frecuencia más baja que existe: el miedo".

EJERCICIO REFLEXIVO

- Información adicional

Si deseas ampliar este tema, te recomiendo ver en mi canal de YouTube el video de mi conferencia titulada *La frecuencia de vibración de los alimentos*.

link03.lopezdemedrano.com

Los animales sufren y sienten miedo al momento de ser sacrificados para el consumo humano.

- Preguntas para reflexionar

Responde las siguientes preguntas de forma escrita:

1. ¿Entiendes que, cuando te alimentas, absorbes no solo la parte física de los alimentos, sino también su parte energética?

    1.1. Si comes miedo, ¿te alejas o te acercas a tu esencia?

2. Si comes alimentos de baja vibración, ¿cómo vas a vibrar?

3. ¿Sabías que el ser humano no está configurado físicamente para ser carnívoro? (Investiga las características de un carnívoro).

4. ¿Sabías que existen miles de millones de personas que no comen carne en el mundo, y gozan de vidas saludables?

- **Conclusión del ejercicio reflexivo**

Redacta un pensamiento breve, de no más de 25 palabras. Usa tus propias expresiones, y plasma un aprendizaje de la reflexión de hoy.

REFLEXIÓN 49

"Dios está dentro y al mismo tiempo fuera de nosotros".

EJERCICIO REFLEXIVO

- Información adicional

Una vez que encontramos a Dios en nuestro interior comenzamos a proyectarlo hacia afuera y entendemos que Dios no es una persona, simplemente es todo.

- Preguntas para reflexionar

Responde las siguientes preguntas de forma escrita:

1. ¿Crees que todos, sin excepción, formamos parte de Dios?

2. ¿Crees en un Dios omnipresente; es decir, que está en todos lados al mismo tiempo?

3. ¿Cómo puede estar Dios en todos lados al mismo tiempo?

4. Si todos somos parte de Dios, y al mismo tiempo Dios está en todos lados, eso quiere decir que Dios está presente en todas partes, a través de nosotros. ¿Tiene sentido esto para ti?

5. ¿Dios está presente en los miembros de tu religión?

6. ¿Y está presente en los miembros de otras religiones, diferentes de la tuya?

7. Si todos somos parte de Dios, ¿eso quiere decir que grandes personajes de la historia, como Jesús, Buda o el profeta Mahoma, también eran Dios?

8. ¿No crees que el concepto de Dios es más grande que todas las religiones juntas?

- **Conclusión del ejercicio reflexivo**

Redacta un pensamiento breve, de no más de 25 palabras. Usa tus propias expresiones, y plasma un aprendizaje de la reflexión de hoy.

REFLEXIÓN 50

> "No son las situaciones externas las que nos hacen sentir bien o mal, en realidad es nuestra actitud hacia esas situaciones la que determina nuestros sentimientos".

EJERCICIO REFLEXIVO

- Preguntas para reflexionar

Responde las siguientes preguntas de forma escrita:

1. Escribe una lista de 5 cosas de tu día a día que te hacen sentir mal. Por ejemplo, el tráfico de la mañana.

2. Ahora elige la que más te molesta de esa lista de 5.

3. A continuación, escribe una lista de 5 cosas positivas que le puedes encontrar a esa situación.

Por ejemplo, si elegiste el tráfico de la mañana, una cosa

positiva puede ser que te sirve para escuchar audiolibros en tu vehículo.

4. Ahora piensa en una persona que conoces, puede ser un familiar o un amigo, a quien no le molesta esa situación.

5. ¿Qué diferencia existe entre tú y esa persona, que no se molesta por esa situación?

- **Ejercicio adicional**

Durante todo el día de hoy, busca el lado bueno a las situaciones que te molesten.

- **Conclusión del ejercicio reflexivo**

Redacta un pensamiento breve, de no más de 25 palabras. Usa tus propias expresiones, y plasma un aprendizaje de la reflexión de hoy.

REFLEXIÓN 51

"Para poder dar amor al prójimo, primero debes amarte a ti mismo. Nadie puede dar lo que no tiene".

EJERCICIO REFLEXIVO

- Información adicional

No confundas amarte a ti mismo con narcisismo.

- Preguntas para reflexionar

Responde las siguientes preguntas de forma escrita:

1. Si tienes 50 naranjas y ninguna otra fruta, pero alguien necesita manzanas, ¿puedes ayudarlo?

2. ¿Qué fruta necesitas para poder ayudarlo?

3. Si tienes conocimiento de literatura, pero no de

trigonometría, y alguien te pide que le expliques el teorema de Pitágoras, ¿puedes ayudarlo?

4. Necesitarías entender de trigonometría para poder ayudarlo, ¿correcto?

5. Escribe una lista de 5 cosas que puedes hacer para amarte a ti mismo. Por ejemplo, cuidar tu alimentación.

- Conclusión del ejercicio reflexivo

Redacta un pensamiento breve, de no más de 25 palabras. Usa tus propias expresiones, y plasma un aprendizaje de la reflexión de hoy.

REFLEXIÓN 52

"Tú no eres tus propiedades, tampoco eres tu profesión. Debes evitar identificarte con la materia o te mantendrás atado a la tercera dimensión".

EJERCICIO REFLEXIVO

- Preguntas para reflexionar

Responde las siguientes preguntas de forma escrita:

1. Si fueras el dueño o dueña de un vehículo último modelo, ¿te sentirías una mejor persona?

2. Si alguien te roba ese vehículo, ¿dejarías de ser tú?

3. Cuando abandones este plano de la tercera dimensión, ¿te llevarás contigo tus propiedades y títulos universitarios?

4. Si tenemos claro que el cuerpo físico se queda en esta dimensión, ¿qué parte de ti trasciende la materia?

5. Si entiendes que no eres el personaje y comienzas a vivir esta experiencia humana desde el punto de vista de tu esencia, ¿estarías siendo más coherente con tu verdadera naturaleza?

- **Conclusión del ejercicio reflexivo**

Redacta un pensamiento breve, de no más de 25 palabras. Usa tus propias expresiones, y plasma un aprendizaje de la reflexión de hoy.

REFLEXIÓN 53

"Todos tenemos un don y al usarlo para ayudar a los demás, estaremos en sintonía con nuestro plan divino".

EJERCICIO REFLEXIVO

- Información adicional

Cualquier cosa que ames hacer está directamente relacionada con tu propósito.

- **Preguntas para reflexionar**

Responde las siguientes preguntas de forma escrita:

1. Escribe una lista de 5 actividades que ames hacer o te guste hacer.

Comienza escribiendo "Amo" o "Me encanta".

2. ¿Cuál de esas 5 actividades te apasiona más?

3. ¿Cuál de esas 5 actividades despierta tu creatividad?

4. ¿Cuál de esas 5 actividades harías, sin importar si te pagan o no?

5. ¿Con cuál de esas 5 actividades se te pasa el tiempo, sin darte cuenta?

6. ¿Qué cualidades destacan las personas en ti?

- **Comentario adicional del autor**

Una vez que detectas qué es lo que más te gusta hacer, qué te despierta la creatividad, y comienzas a hacerlo para ayudar a los demás, entras en sintonía con tu propósito de vida.

- **Conclusión del ejercicio reflexivo**

Redacta un pensamiento breve, de no más de 25 palabras. Usa tus propias expresiones, y plasma un aprendizaje de la reflexión de hoy.

REFLEXIÓN 54

"Tener pensamientos negativos genera en nosotros emociones de baja frecuencia y esas emociones generan más pensamientos negativos. Para salir de ese círculo vicioso, debes cambiar la frecuencia de vibración de tus pensamientos".

EJERCICIO REFLEXIVO

- **Preguntas para reflexionar**

Responde las siguientes preguntas de forma escrita:

1. Escribe 5 emociones o sentimientos que consideres de alta frecuencia. Por ejemplo, el agradecimiento.

2. ¿Cuáles de esas 5 emociones o sentimientos te identifican, en tu vida actual?

3. A continuación, escribe 5 emociones o sentimientos

que consideres de baja frecuencia. Por ejemplo, el rencor.

4. ¿Cuáles de esas 5 emociones o sentimientos te identifican, en tu vida actual?

- **Comentario adicional del autor**

Si tienes emociones o sentimientos de baja frecuencia, debes sustituirlos por las emociones y sentimientos que escribiste en la pregunta 1 de esta página.

- **Conclusión del ejercicio reflexivo**

Redacta un pensamiento breve, de no más de 25 palabras. Usa tus propias expresiones, y plasma un aprendizaje de la reflexión de hoy.

REFLEXIÓN 55

"La vida es un juego. El único inconveniente es que olvidamos las reglas antes de comenzar".

EJERCICIO REFLEXIVO

- Información adicional

Las reglas del juego de la vida son las leyes y los principios universales.

- Preguntas para reflexionar

Responde las siguientes preguntas de forma escrita:

1. Escribe 5 leyes universales que rigen nuestra vida espiritual.

2. Ahora define en una línea cada una de esas 5 leyes.

3. ¿Sabías que podemos contar hasta 36 leyes y principios universales?

Te invito a leer este artículo en mi blog, donde resumo las 36 leyes universales de la vida:

link04.lopezdemedrano.com

- Conclusión del ejercicio reflexivo

Redacta un pensamiento breve, de no más de 25 palabras. Usa tus propias expresiones, y plasma un aprendizaje de la reflexión de hoy.

REFLEXIÓN 56

"Ser feliz es una actitud ante la vida. Puedes ser feliz en este mismo momento, si lo deseas".

EJERCICIO REFLEXIVO

- Información adicional

Nuestra percepción del mundo exterior es, muchas veces, el reflejo de nuestro mundo interior.

- Preguntas para reflexionar

Responde las siguientes preguntas de forma escrita:

1. En este momento, ¿te consideras una persona feliz?

Si tu respuesta es afirmativa:

1.1. Mantén esta actitud siempre. No permitas que

las situaciones cambien tu percepción de la realidad. Los problemas siempre van a existir y se escapan de tu control, pero siempre tendrás el poder de encontrarles un lado positivo.

Si tu respuesta es negativa:

1.2. ¿Percibes tu entorno inmediato, y al mundo, desde un lugar de amor y paz? ¿O lo haces desde el odio y la ira?

2. En este mismo instante, tal y como estás y con las cosas que tienes, ¿crees que es posible para ti ser feliz?

3. Mientras lees esto, muchas personas sueñan con tener la mitad de lo que tú tienes, para ser felices. ¿Alguna vez lo has pensado?

4. Si ellos condicionan su felicidad a tener lo que tú ya tienes, ¿por qué tú no eres feliz en este momento?

- Conclusión del ejercicio reflexivo

Redacta un pensamiento breve, de no más de 25 palabras. Usa tus propias expresiones, y plasma un aprendizaje de la reflexión de hoy.

REFLEXIÓN 57

"Perdonar es fácil, cuando logras entender que el único ofendido es el personaje que representas en esta obra de teatro llamada vida. Nunca olvides que tu verdadero ser trasciende ese personaje".

EJERCICIO REFLEXIVO

- Información adicional

Tú no eres el personaje que representas en esta reencarnación. Él es solo un producto de tu mente. En realidad, tu esencia trasciende ese personaje. Es eterna.

- Preguntas para reflexionar

Responde las siguientes preguntas de forma escrita:

1. Imagina que eres actor y representas en una obra el personaje de un banquero corrupto. Si un día

en plena calle alguien te grita "¡¡LADRÓN!!", ¿te sentirías ofendido?

2. ¿Por qué no te sientes ofendido, si la persona dirigió su acusación hacia ti?

- Comentario adicional del autor

En la vida real, el personaje que representas es tu ego, y el autor de la obra tu esencia.

3. Si alguien insulta a tu personaje de vida, ¿estaría insultando a tu esencia?

4. Como en el ejemplo del personaje ficticio, del banquero corrupto, ¿comprendes que tu esencia no puede sentirse ofendida, si ella sabe que no es el personaje?

- Conclusión del ejercicio reflexivo

Redacta un pensamiento breve, de no más de 25 palabras. Usa tus propias expresiones, y plasma un aprendizaje de la reflexión de hoy.

REFLEXIÓN 58

"Todos vinimos a esta vida para aprender y enseñar al mismo tiempo".

EJERCICIO REFLEXIVO

- Preguntas para reflexionar

Responde las siguientes preguntas de forma escrita:

1. ¿Sientes que estás aprendiendo en esta existencia?

2. Alguna vez, ¿alguien te ha dicho que algo que hiciste le ayudó mucho?

3. Escribe una lista de 5 cosas que has aprendido gracias a otras personas. Me refiero a lecciones de vida.

4. Escribe una lista de 5 cosas que crees que has enseñado a otras personas.

- **Conclusión del ejercicio reflexivo**

Redacta un pensamiento breve, de no más de 25 palabras. Usa tus propias expresiones, y plasma un aprendizaje de la reflexión de hoy.

REFLEXIÓN 59

"Tus pensamientos siempre serán acordes a la vibración en la que te encuentras".

EJERCICIO REFLEXIVO

- Información adicional

La diferencia entre una estación de radio AM y una FM es la frecuencia de la onda en la que transmite cada una.

- Preguntas para reflexionar

Responde las siguientes preguntas de forma escrita:

1. ¿Es posible sintonizar una emisora de radio AM con un receptor que solo recibe señales de FM?

2. ¿Entiendes que nuestros pensamientos son energía?

3. ¿Entiendes que existen dos tipos de pensamientos, los de baja y los de alta frecuencia?

4. Si tu mente está vibrando en baja frecuencia, ¿crees posible que genere pensamientos de alta frecuencia, con facilidad?

5. Una persona considerada negativa, ¿genera pensamientos negativos o positivos?

6. Una persona considerada positiva, ¿genera pensamientos negativos o positivos?

- **Conclusión del ejercicio reflexivo**

Redacta un pensamiento breve, de no más de 25 palabras. Usa tus propias expresiones, y plasma un aprendizaje de la reflexión de hoy.

REFLEXIÓN 60

"Para recibir algo, primero tienes que darlo. Si quieres amor, primero da amor. Si quieres dinero, da dinero. El Universo siempre nos regresará, multiplicado, lo que damos de corazón".

EJERCICIO REFLEXIVO

- Preguntas para reflexionar

Responde las siguientes preguntas de forma escrita:

1. Debes ser especialmente sincero en esta respuesta: Siempre que das algo a otros, ¿piensas en cómo te beneficias?

2. ¿Qué significa para ti 'dar de corazón'?

3. Si das esperando que se te regrese multiplicado, ¿crees que recibirás algo de regreso?

4. ¿Qué tiene más valor para el Universo, o Dios, una persona que tiene 5 millones de dólares y dona 1 millón para una organización benéfica, o una persona que tiene solo 10 dólares y dona 5 a la misma organización?

- **Conclusión del ejercicio reflexivo**

Redacta un pensamiento breve, de no más de 25 palabras. Usa tus propias expresiones, y plasma un aprendizaje de la reflexión de hoy.

CAPÍTULO FINAL
Conclusiones

Después de practicar los 60 ejercicios reflexivos, estoy seguro de que has logrado explorar nuevas realidades, que te han permitido expandir tu conciencia. Si realizaste correctamente todos los ejercicios, puedes tener la certeza de que se han creado nuevas redes neuronales en tu cerebro, que te han permitido superar antiguas creencias condicionadas y manipuladas.

De ahora en adelante vas a poder aprovechar esta nueva habilidad para reflexionar sobre cualquier información o situación que se te presente. **El poder de la reflexión** ya está activado en ti, y no regresarás atrás. La expansión de la conciencia ha comenzado, y es irreversible.

Ahora entiendes que los límites existieron solo en tu mente. La verdad es que somos seres ilimitados, y poco a poco estamos recuperando el poder interno que cedimos por siglos.

El próximo paso que debes dar es hacia la conexión

con tu esencia. Al lograr esa conexión, el siguiente nivel de expansión de conciencia se dará sin mayor esfuerzo de tu parte, gracias al acceso ilimitado que posee tu verdadero ser, a la base de datos de la Sabiduría Universal. Y es posible que al conectarte con tu esencia termines arrojando por la borda muchas creencias que consideras inamovibles en este momento.

En mi siguiente libro, te guiaré por un mágico camino, que te llevará a esta conexión con tu esencia divina.

Una nota del autor

Gracias por adquirir este libro.

Si te ha gustado el libro desearía pedirte que escribas una breve reseña en Amazon. No te llevará más de dos minutos y así ayudarás a otros lectores a saber qué pueden esperar de esta publicación.

Entra a la siguiente dirección para dejar tu reseña.

amazon.lopezdemedrano.com

Gracias por formar parte de mi realidad.

Te envio un abrazo energético.

Daniel López de Medrano.

OTROS LIBROS DE DANIEL:

libros.lopezdemedrano.com

Sobre el Autor

Daniel López de Medrano es escritor y conferencista, sobre temas vinculados con Crecimiento Personal y Expansión de la Conciencia.

Nació en Caracas y estudió periodismo en la Universidad Central de Venezuela. Comunicador social y publicista, cuenta con más de 30 años de experiencia en televisión, en Venezuela y Estados Unidos.

Comenzó su carrera como escritor el año 2010. Desde entonces, se ha consagrado a la tarea de explicar conceptos de Física Cuántica y Espiritualidad en diversas publicaciones y conferencias, siempre de una manera amena, sencilla y fácil de entender.

Es autor de los libros **Reflexiones 2012** y **121 Reflexiones**, además de la serie **Programa tu Mente**, que por dos meses consecutivos se ubicó en el puesto número uno entre los libros más vendidos del club en español del Círculo de Lectores *Bookspan*, en Estados Unidos.

Su canal de YouTube registra actualmente más de un millón de vistas. En 2016, lanzó un programa de radio en formato podcast, llamado **Expandiendo la Conciencia** y publicó su primer libro infantil, **La oruga que quería llegar al Sol**.